简单领导

从有序中获得效率与活力

〔德〕博多·舍费尔——著　龙生——译

LEADING SIMPLE

中国出版集团
现代出版社

版权登记号：01-2020-7115

图书在版编目（CIP）数据

简单领导 /（德）博多·舍费尔著；龙生译．-- 北京：现代出版社，2021.1

ISBN 978-7-5143-8843-5

Ⅰ．①简… Ⅱ．①博… ②龙… Ⅲ．①企业经营管理 Ⅳ．①F272.3

中国版本图书馆 CIP 数据核字 (2020) 第 195873 号

简单领导

著　　者：[德] 博多·舍费尔
译　　者：龙　生
策　　划：王传丽
责任编辑：张　瑾
出版发行：现代出版社
通信地址：北京市安定门外安华里 504 号
邮政编码：100011
电　　话：010-64267325　64245264（传真）
网　　址：www.1980xd.com
电子邮箱：xiandai@vip.sina.com
印　　刷：三河市南阳印刷有限公司
开　　本：880mm×1230mm　1/32
印　　张：6　　字　　数：120 千
版　　次：2021 年 1 月第 1 版　　印　　次：2021 年 1 月第 1 次印刷
书　　号：ISBN 978-7-5143-8843-5
定　　价：49.80 元

Leading Simple

目录

第二部分　简单领导——系统

促使他人进步、达成企业目标、创建系统、委任、检查，领导者的任务有且只有这五项。

第三部分　简单领导——责任

责任是什么？假如我们想要改变一件事情，首先需要一个计划。想要实施这个计划，我们就必须做出一个承诺，一个神圣的承诺，以确实做出改变。只有带着施加给自己的责任你才能认为计划会得以实施。

第四部分　简单领导——论文

生活善待了我们，我们想要回馈生活——就是一个系统，这个系统可以让每一个人都能卓有成效地进行领导。

初步说明

出于对不想透露自己身份人士的尊重，以下故事中的人名、地名大多做了变动。

简单领导是指用脑、用手和用心去领导。下面的标记是为了提醒我们，要时刻注意有效领导的三个方面：

 大脑的任务（要做什么）

 手里的辅助工具（用什么做）

 心中的原则（如何去做以及为什么要做）

Leading Simple | 序

人就像是乐器，其共鸣取决于弹奏者。

——维吉尔

格鲁伯股份公司五位董事会成员正在焦急地等待着。那个一手创立了这家公司的人，他们尊称他为“老大”，他邀请他们到大会议室集合。没错，确实是老大邀请他们来的，他从不命令人。他只是提问，给出建议或者简单询问一些事情。

自从老大卸任公司的领导者，一切都和从前不一样了。尽管销售额和利润只略有下降，但公司氛围越来越差。几乎没有人喜欢上班，几位资深的员工已经辞职，公司倒闭似乎只是时间问题。

当然，大家也试着找出这种突变的原因，但是没有人能找到一个合理的解释。以前，他们可以从老大那儿知道公司现在处于什么状况，自从老大离开，再也没有指点迷津的人了。

现在，离开公司三年多的老大突然又回来了。他和一些员工进行了谈话，掌握了情况，意识到公司中缺少了一些至关重要的东西。

他告诉公司的高管，他们的效率商（也就是他喜欢说的情商）已经下降。效率商决定着员工在其绩效中的效能——是否可以完成自己需要完成的事，是否能够达到自己预定的目标。高管们觉得老大说得对，最近一段时间，公司里没人觉得做事特别有效率。

老大继续说："工作没有效率的原因就在于缺乏领导力。"对他来说，领导力决定了事业的成功与失败。他得出的结论是格鲁伯股份公司存在管理问题。

然后，他向大家推荐了一位超级管理者："他可以建立一套独立于人的领导系统。"

没有人知道老大的确切意思，但他们信任他。

高管们对这位超级管理者寄予厚望，希望他能给公司带来自信与希望。很自然，每个人对这位超级管理者都有自己的想象："他一定很睿智，老大才会这样夸耀他。他一定是一个能解决公司问题的人，就像当年的老大那样。"

老大直截了当地说："你们终于可以知道什么是领导了。明白之后你们每个人的效率商会迅速提高。无论你们想做什么都可以达成。”

现在，格鲁伯股份公司的高管在会议室里等着被老大称为路易斯的高人的到来。出席会议的有仓储部经理埃伯哈德•韦尔里奇、人力资源部经理曼努埃拉•赫兹利奇、总会计师戈特弗里德•祖克、营销经理英格•萨尔姆和财务总监阿尔弗雷德•斯派特。

Leading Simple

第一部分

路易斯·伯格的故事

领导力决定成功与失败，也是圆满人生与令人沮丧的平庸之间的区别。

第1章　第一次相遇

“早上好，我是路易斯•伯格。”等候者听到了一声问候。大门在上午9：15准时打开，一个坐着轮椅的人进入了会议室，跟大家打招呼。

在场的人都目不转睛地盯着他，脸上写满了惊讶——一个坐在轮椅上的人。他们都在期待着一个领导天才，一个榜样，一个能解决公司所有问题的人。

“大家为什么来这儿？”大家的思绪被伯格先生简短的提问打断。大家沉默着，刚才那样盯着伯格先生令他们自觉难堪。

“我再问一次，大家为什么来这里？”路易斯•伯格盯着他们的眼睛问。

这次大家听懂了，他们开始思考。因为老大请他们来，他们就来了。还有，他们想认识一位领导天才。

营销经理萨尔姆女士回答道：“我们来这里是因为老大——格鲁伯先生，他邀请了我们。”

“那么，你们对我毫无期待吗？”路易斯•伯格问。大家又沉默了几秒。

“我们开门见山吧……”路易斯·伯格的声音又一次打断他们的思绪，“你们期待的是一个和我不同的人，你们期待的是一个像哈拉尔德·格鲁伯那样，能够作为榜样带领大家并指明方向的人，一个天生有领导力量的人。”他停顿了一下，继续说，“对我来说，‘领导力量’这个词并不理想，至少从身体角度说，表面上看‘有力量的人’这种描述与我不符。我不用力气去管理。我建议叫‘引领者’，而不说领导力量。对我来说，引领者意味着引领而不使力、不斗争。尽管如此，或者正因如此，我的朋友哈拉尔德请我过来。他创办了这家成就卓越的公司，然而，在他三年前退休后，大家突然发现，公司缺了他不行。为了给后继者一个机会，他等待了三年。但公司的氛围每况愈下，大多数人感到工作不再有乐趣。纷争不断出现，忠实可靠的员工纷纷辞职。哈拉尔德·格鲁伯像一位预言家，他预见大家正在迅速滑向一场危机。”

在场的每个人都点头表示同意。他们知道，这个坐在轮椅上的人说的都是事实。

他继续说：“然后他回来了，跟各位还有其他人进行了谈话，想要找出问题所在。令人遗憾的是，没有人明确地知道自己应该怎么做。大家都没有方向。几乎所有人都想念格鲁伯先生。”

这个坐在轮椅上的人能从听众的脸上看到，他们确实很想念老大。他解释说：“各位都知道 EQ 这个缩写，它是指效率商。”

“当然，”仓储部经理埃伯哈德•韦尔里奇打断了他，“EQ决定了一个人的工作效率，决定了他能否达到他的目标，以及能否将自己的计划付诸实践。”

“你们都成功了吗？你达到你设定的目标了吗？你完成你承担的任务了吗？”路易斯•伯格问。

这些管理层的人都羞愧地摇了摇头。

“为什么没做到呢？”伯格先生询问道。

他们思考了一会儿。人力资源部经理曼努埃拉•赫兹利奇女士示意要发言：“老大格鲁伯先生总是说，‘效率不佳是由领导力不足造成的’。我从来都没弄明白这两者之间的关系。我认为，大部分原因是这里糟糕的氛围。”

“如果在从 1 到 10 的刻度尺上，把你最近几个月的效率标注出来，你要怎么标注？1 代表效率很低，10 代表特别高效。在你能够做到的事情当中，真正完成的有多少？”这个坐在轮椅上的人问道。

“最多 4 分。”赫兹利奇女士说。“我是 5 分。”总会计师戈特弗里德•祖克先生小声念叨。“3 分。”还有人说。

路易斯•伯格严肃地解释道：“效率得几分，领导力就得几分。如果你的效率得分为 4，你的领导力也得 4 分。如果你的效率是 9，领导力也应该得到 9 分。我想通过这个向你们传达效率等级。在生活中，效率等级与你的领导力成正比。”

人力资源部经理曼努埃拉•赫兹利奇若有所思地说：“我开始明白了。这说明领导者的领导力对工作的影响最大。”

“不仅是在工作中，”坐在轮椅上的人补充道，“我们在这里所说的适用于我们生活的每个领域：伴侣关系、朋友关系、俱乐部……领导力永远是决定性因素。”

在他身边的白板上，他用力写下几行大字：

领导力决定成功与失败，也是圆满人生与令人沮丧的平庸之间的差别。

路易斯•伯格给大家时间思考这句话，然后继续说：“人类有很多能量，我们也可以说是机会。大部分能量都浪费了，因为能量未得到聚集。大多数人都不知道，如果他们能有效地利用他们的能量，目标就可以实现。于是领导者出现了——领导者引导机会和能量。高效的领导者之所以有效，是因为他们把员工团结在共同目标上，防止能量被无谓浪费。”

路易斯•伯格可以看到，这番言论对他的谈话对象产生了作用。他们疑惑地互相看了一会儿，然后纷纷点头。他知道他们会理解的。赫兹利奇女士的发言似乎就证实他的观察结果，她说：“所以，我人生的成败最终取决于我能否做个成功的领导者。这么想的话，那我可是太少关注做个成功的领导者这件事了……”

“当初老大还在这儿的时候，我们本可以从他那里学到更多的东西，”韦尔里奇先生插进来说，“他是一位真正的领导者。”

“但是哈拉尔德•格鲁伯年纪太大，不能再次接管日常事务，他希望能够建立一套体系来取代他本人，一套不依赖于人的体系。”路易斯•伯格稍稍停顿了一下。他从听者的脸上读到他们仍然无法想象，世界上能有什么人或者什么事物能够取代他们敬重的哈拉尔德•格鲁伯。

“换句话说，”路易斯•伯格继续道，“他希望各位学习如何像他一样成功地领导这家公司——但不是复制他。哈拉尔德告诉我，各位都是杰出的专业人士，在财务、生产、销售、营销等领域，各位可谓技能娴熟。哈拉尔德•格鲁伯以你们为荣。但是现在出了问题，我要讲述的这个问题，它并不仅仅存在于格鲁伯股份公司，在许多公司中都存在。大多数管理者们并不知道他们应该如何领导自己的部门。他们是优秀的专业人士，同时兼着领导事务，但他们并不是领导者。在大部分工作时间里，他们都在给人做示范——由于具备专业技能，这么做并不困难。但大多数身处领导职位的人无法做好领导工作，是因为他们并不知道‘领导’到底是什么意思。”有几个立刻表示赞同。其他人似乎完全不同意。

一位男士道：“我叫祖克，多年来，我一直很成功地管理着这家公司的财务。我今天的工作方式和老大在的时候一样。”

“哦，是吗？”英格•萨尔姆女士冷笑道，“那为什么三个月前，你最棒的两名下属离职了呢？你的领导成功吗？”

戈特弗里德•祖克的脸涨得通红：“萨尔姆女士，我绝不允许你说这样的话。你对市场营销唯一的认知就是——如何对老大献媚。这从你的衣品就看得出来……”

萨尔姆女士以几乎听不到的音量回敬道：“衣品这个词

根本就不该从你的嘴里说出来，你穿这件套头衫至少三个月了……”

“至少，”坐在轮椅上的男人打断了她，引回正题，“关于领导力，你们似乎有不同的观点……如果你们都无法达成一致，到底成功的领导好在哪里——那么你的员工要如何知道呢？”

他又继续在白板上写道：

> 那些不知道领导对他的期待是什么的员工，终将辞职。他们先在内心拒绝，接着便会离开公司。

戈特弗里德·祖克的脸更红了。萨尔姆女士像被说中了一样，目不转睛地盯着自己的指甲。

过了一会儿，路易斯·伯格说：“哈拉尔德·格鲁伯在公司时，每个人都可以从他那儿获得指引，每个人都知道自己的价值在哪儿，也知道别人期待他怎么做。”

埃伯哈德·韦尔里奇先生深思后说：“我想，我们所有人都想和格鲁伯先生一样，但做不到。他是独一无二的。也许这就是问题所在。”

“你接近问题的关键点了，”路易斯·伯格肯定了他，“问题的重点其实是：到底什么是领导力？高管是否真正知道自己的责任是什么？我指的不是一个部门的工作任务，而是纯粹的领导职责。”

戈特弗里德·祖克道：“可我的任务是清清楚楚的呀——

把账做对，需要尽可能快地把账目做完。每个人都要尽自己最大的努力。这就是我要管的事。”

“你管得真好，整个部门死气沉沉，像墓地似的。”萨尔姆女士反驳他。

路易斯·伯格静静地看着她，她举手表示歉意。

然后他说：“我们将实质性任务和管理任务分开。在技术任务上，你们每一位都明显比我更有资质，但是你们并不清楚管理任务。我们应该建立一套体系，让每个人都可以用它来学习领导。我就是为这个目的来这儿的。另外，我需要各位的帮助，因为我们首先得找出一些共同点。我给各位布置一个任务：请大家讨论一下好的领导者的特征，以及他的任务是什么。午休之后我们再回到这里，说说讨论的结果。”

当路易斯·伯格再次返回会议室时，讨论还在如火如荼地进行。所有人的结论大致相同——但他们似乎并不满意。路易斯·伯格先生请大家将结果一条条写在白板上。最后有了一个长长的列表。（见表1-1）

所有人都凝视着这些令人印象深刻的词条。路易斯·伯格开始评论他们的讨论成果：“大家确定没有遗漏吗？觉得这些就是全部……或者其实可以去掉一些？”

阿尔弗雷德·斯派特没有注意到话中的嘲讽意味，他回答道：“我一直跟你们说，作为领导者不需要受欢迎、有凝聚力。管理时使被管理者有一点儿恐惧，反而更好。”

“我认为……只有报表数字好看才是关键。不需要在意受欢迎程度。”戈特弗里德·祖克表示赞同斯派特。他继续说，“我

表 1–1　好的领导者的特征／他们的任务

•公正	•正向思考
•魅力	•行动力
•自制力	•慎言
•节俭	•忠诚
•幽默	•仁爱
•凝聚力	•组织能力
•榜样	•激励他人的能力
•评判能力	•诚实
•勤奋	•勇气
•毅力	•创造力
•不情绪化	•自信
•有远见	•逻辑思维能力
•自控	•决策力
•指挥能力	•好学
•正直	•谦虚
•可靠	•时间管理
•吃苦耐劳	•服务他人的能力

也不认为领导者必须能激励人。”其他人对此纷纷摇头反对，特别是好心的仓储部经理韦尔里奇。

此时路易斯•伯格先生降低了音量，一字一顿地说：“大家说得没错，这个列表上许多要点是不必要的。理想的领导者应该是什么样的，这是个错误的议题。各位在这里描述出来的是一位超级完美的人，一位超凡脱俗的超级老板。是恺撒大帝、特蕾莎修女、甘地和比尔·盖茨的结合体。如果这就是你们对领导者的要求，那么大家就都不够格了，尤其是我。”他在白板上写下一句话：

领导者完全是普通人。

“但是老大就是这样的人。”人力资源部经理曼努埃拉·赫兹利奇反驳道，“他具备所有这些特征。只有他这样的人，才能成功创建这家公司，我也想成为他那样的人。”

路易斯·伯格微笑说：“我不能告诉你这样的讨论有多么重要。我们的领导力决定着人生的成败。我们的效率与领导力成正比。生活的各个方面都需要人们去领导。并不只是在公司里，而是只要在我们需要其他人的帮助时，就需要有人领导。领导这件事是我们日常生活的一部分。但是令人惊讶的是，领导者的职责没有被定义。每一种职业都有某种形式的培训和认证，但是一个领导岗位，大家只需靠着提拔或者‘任命’就可以。迄今为止，从没有明确的定义，一位领导者的职责具体是什么，无论他在哪行哪业。”

他的听众瞪大眼睛望着他。他继续讲道：“领导者是什么？在书籍、报刊、影片、研讨会等渠道中，这个题目有着比其他题目更多的信息。你会发现无数的答案，包括许多错误的。没人确切知道一个合格的领导者必须要做哪些事。其中一种对领导者职责的描述是那些对优秀企业家的夸赞，这些人的个人行为方式被解读成了领导者风格。每个看过的人都想：‘如果我能像某人一样，就会成为更好的领导者了。’人们都想成为明星一样的人，而不是去完成自己的任务。每个人都以他人为榜样，夸赞他人的性格特征。”

路易斯·伯格停顿了一下。“如果一家公司由这样一位有魅力的人来领导，”他继续解释道，“在这家公司内部就会存在某个体系，因为每个人都想效仿他。但是当这个人离开公司时，会发生什么？一个空洞出现了，人们失去了方向。每个人都想找到他们自己的领导风格。然而最重要的是，没有人能清楚地知道，一位领导者在任何时候、任何情况下都应该做些什么。因为领导者任务未被定义，也就无法产生统一的领导体系。而没有一个明晰的体系，多数人又无法开发和锻炼自己的领导力。结果就是不确定，无法得到最佳的结果。”

路易斯·伯格看着他的听众，注意到他们听懂了不少，但还没有完全理解他的话的重要性。这些人应该用头脑特别是用心理解他的话。因而他决定，给大家讲讲他自己的故事。

“请大家忘记迄今为止你们听到的有关领导者的一切信息，其中多数都是我们需要丢弃的神话故事。我们要将事实与故事区分开。我建议，明天早上 9：15 大家再来这里碰面，到时我会跟大家解释，为什么不应该过多考虑领导者是什么样的人；相反，应该明白领导者必须做什么。我会给各位讲述我自己的故事，通过我的一些经历，我看透了那些有关领导者的神话。曾经，我是一名专业网球运动员……直到我在一次跳水时摔断了脖子。不过明天我再跟大家讲这些吧。”

“还有，”路易斯·伯格继续道，“参与是自愿的，但是如果你决定明天过来，就会是一个过程的开始。在这个过程中，你会成为一名有效的领导者。”

在离开房间之前，他在白板上写下：

不要问一个领导者应该是什么样的人，而应问他必须做什么。

第 2 章　事故

所有人都到了——比约定时间还提前了几分钟。路易斯·伯格伴随着一声“早安！谢谢你们的到来”的清新问候进入会议室，没有过多铺垫，他开始了他的叙述。

“25 岁的时候，我是德国前 100 名职业网球运动员。我有远大目标，训练起来像头猛兽。同时我在大学读体育专业。对我来说，打网球是生死攸关的大事，要么吃掉别人，要么被别人吃掉。后来，有一次在墨西哥休假时，我从瀑布上跳下——突然间一切就都结束了：我当时是想仿效印第安人，他们可以从 10 米高的瀑布上轻松地跃入下面的湖中。第一次尝试时，我毫发无损。第二次尝试时，意外发生了：在与水面碰撞时，头伸出过多，我的第七节颈椎折断了。

“在几个印第安人的协助下，我的朋友兼旅伴托马斯将我从水中救出。第二天，我在附近的医院做了手术。但这手术对于那些医生来说难度太大，我瘫痪了——身体的 90%都无法活动。很长一段时间，这些医生都令我怒火中烧……

“我的母亲做了很大的努力，筹集了 75 000 欧元，将我运回德国。然后我接受了第二次手术。这次已是最终结果：我脖颈以下瘫痪了，只有两只胳膊能动——但是左手的手指只有10%能动，右手手指30%能动。

“我躺在康复医院里面，我，曾经是卓越的运动员。我在那里开始战斗，为的是在事故后继续有意义地活下去。头两个月简直就是地狱。我必须一直仰卧，唯一能看到的地方就是天花板。我的母亲、女朋友嘉比和几个朋友常常来看我，这令我更加难以承受。我无法忍受他们的同情，于是请求他们6个星期内不要来打扰我。

“有一个问题整天折磨着我：这样的事情，为什么偏偏发生在我身上？对我来说运动是如此重要。我越来越沮丧，整日自怨自艾。后来，另一个问题突然浮现在脑海：你的事故会带来什么好处？

“我想：好吧，现在你差不多快疯了。我试图驱散这个问题——但这个想法越发强烈。

“我的事故会带来什么好处？这问题真是太疯狂了！我再也不能打网球吸引美女了。还有，我不得不靠社会救济金生活，找工作的话，也许我可以找个电影院去检票——但我必须继续锻炼自己的手指才能实现……多么悲惨的生活。这有什么好的？好在哪儿？

“我对母亲放在旁边的网球奖杯怒目而视——母亲为了让我回忆那些光辉的岁月，将这些奖杯放在我的床头。我请护士把奖杯都放进橱柜里。我和我的女朋友也分手了，因为我以为她不再爱我，只是出于同情才继续和我在一起。我无法忍受。当我跟她提出分手时，两个人都松了口气。她离开后，我感觉非常孤单。是的，虽然如释重负，但也有了无尽的孤独。

“几天，几周，几个月过去了。我可以下床了，并且学着适应新的生活：轮椅、康复治疗、孤独……这事故好在哪儿？不管你信不信，我找到了答案。先是一点一滴，然后越来越多。在某种程度上，我已经可以坐着轮椅自如活动。如同我当年打网球时一样，我为自己设立了目标。我疯狂地训练，为了让自己尽可能地自如行动。

“在这个过程中，我找到了越来越多的答案，为什么事故是好的：我现在有许多时间考虑真正重要的事情；我明白了哪些人才是真正的朋友；不用再努力表现自己——我为什么要这样？我真正地触碰到了自己能力的极限。不过最关键的答案点还没出现。

“当我把注意力都集中在那个有魔力的问题上时，我的整个状态和心情都改变了。其他人也发现了我的这个改变。克里斯蒂娜，我的理疗师，爱上了我。我欣喜若狂——因为我也爱上了她，但同时我又沮丧至极。我怎么才能使她幸福？慢慢地我明白，她爱的就是这样的我。后来我们结婚了，有了一个女儿——薇薇安。各位也许可以理解，能做父亲对我意味着什么。我非常享受和女儿在一起的每分每秒。

“我的康复程度比医生预想的要好得多。尽管这是我一再努力去做试验才收获的成果，也正因为不断地尝试，一直以来，我在承受着挫折和尴尬。有一次，我听到一位患者与他的太太谈论我：‘……如果那个可怜的人在事故中死了可能更好些……他这样能有什么未来啊？’这些话狠狠地击中了我。他怎么能这么说呢？如果我死了会更好些吗？满怀愤怒与绝望，我逃到了外面的树林里。在那儿，我滑下了一个斜坡，从轮椅里摔出来，躺在一棵树旁。我非常痛苦，因为锁骨摔断了。我躺在那里好几个小时，大声呼救，却没人听见……

“这场事故到底能带来什么好处？在一阵一阵的疼痛中，我决定更深入地思考一下这个问题。突然间对于自己不会被找到的恐惧感消失了，尽管天色已经暗了下来。一开始医院里的人根本没发现我不见了，直到夜里才开始寻找。最终消防人员发现了我。幸运的是，没多久，骨折就痊愈了。

“坐上轮椅之后，我不得不重新学习那些最简单的事情，比如穿衣服。我第一次试着穿上一只长袜的时候，用了 20 分钟。全部穿戴好需要 4 个小时。乘以 2 倍时间——穿衣服和脱衣服一共要 8 个小时，这就是我的美好生活。这个事故好在哪里？

“然后，在一天清晨——我找到答案了。我起得很早，5 点钟就离开医院去爬一座小山。我不想借他人的帮助来完成这件事。

“在山上，我看到了这次事故后的第一次日出。各位可以想象我是多么享受那一刻。就在同一时刻，我心中有了答案——我必须学习接受帮助。我的人生不再是为了战胜别人或是被别人战胜，再也没有对立，而只有合作。我不需要自己一个人战胜一座山。

“然而，这并不是全部。这种帮助必须由我来掌控。我想要学习如何领导。领导我自己、我的生活和其他人。我想学习通过别人来实现目标。我的心跳加速，思绪万千。一个意念进入脑海，然后变得明确。突然间我知道——我想教会其他人如何领导。

“一种深深的幸福感涌上心头，我终于找回了自己。是的，这就是我想要做的。告诉其他人如何领导。我意识到——我要这么做是因为，通过我的事故，我知道我们需要彼此。合作让我们有更多的能量，但这些能量需要被联结起来，也就是说被引导。

“我感觉到——我必须成长并实现这个目标，我能这样做，并不是因为事故，而是因为事故，我才这样做。我突然看到，不幸其实是通往人生成就的桥梁。我向自己保证，不管遇到任何问题，都要一直这样问自己：

怎样才能使问题对我有益，而不是成为障碍？

“从现在开始，我要把负面的东西变成积极的。我知道，这不仅是一条面对自己命运的正确之路——也是唯一的路。

“被深深震撼的我坐在山顶上不知所措。我还不知道该如何去做这些事，我只知道我找到了答案——虽然它并没把我带到目的地，而是让我站在了一个起点上。说到底，在我能给其他人建议之前，我自己必须先成为一个卓越的领导者。不过我坚信——在他人的帮助下，我做得到。”

路易斯•伯格暂停下来，喝了一杯水。现在他的听众以极大的兴趣和尊重，观察着他的一举一动。大家开始意识到，能再这样用杯子喝水，他需要付出多少时间练习。大家也觉得故事现在才真正开始。

路易斯·伯格继续讲述："当然现实很残酷。我从山上下来后，就又回到了一个残疾人的日常生活中。我知道自己需要一个巨大的飞跃。但是前进的每一小步都是痛苦的，实在令人伤心。首先，我决定把我大学的体育学业完成。

"各位可以想象一下，这件事并不容易。同时我搬回了自己的住处。所有专家都劝阻我——以我的瘫痪程度，独自行动是不可能的。但是我想要重新适应真正的生活，在领导他人之前，我必须先做到领导好自己的人生。当然，日常生活中充满了挑战：洗衣服，购物，着装打扮……轮椅上的世界与正常的世界大相径庭。

"完成学业以后，我开始找工作，因为不想再靠社会救济金生活。但这一点儿也不容易，谁会雇用一个坐轮椅的体育专业毕业生？一段时间后，我遇到了一个机会——我开始卖轮椅，开始是佣金制，因为人力资源部经理不想在我身上承担风险。

"学习销售并不是一件容易的事。开始我想，只是像从前打网球那样——用力量和斗志做事。三个月的时间里，我一台轮椅也没卖出去，所以也没赚到钱。我绝望，我开始动摇。

"但是之后，我偶然认识了伯纳德·韦斯，一个成功的企业家和作家。他耐心地告诉我，我的销售工作存在哪些问题，并且建议我去参加某个销售研讨班。在那里学到的东西令我受益匪浅。之后我的业绩进展迅速。销售并不难，我们只需要知道一些重要原则。

“在我的努力下，我打破了公司所有的销售纪录。赚了很多钱，我和克里斯蒂娜结婚了。现在伯纳德•韦斯和我经常往来，他成了我的导师。

“其他推销人员开始以我为榜样，两年后，我被任命为销售主管。我想要成为大家的榜样，领导的同时，还继续做着销售工作。最初这样做很有效——销售额在上升，并且我与所有推销员建立了亲密的友谊。

“但是之后，成效突然开始减弱；同时，其他部门嫉妒我们的成功，想尽办法破坏阻挠我们。我在自己的团队之外没有影响力，这让我感到失望。

“不知如何是好，我拨通了韦斯先生的电话。我们在一家不错的咖啡厅里碰面。在去那儿的路上我想到，其实我对他的事知道得很少，只知道他非常富有；那些给我带来麻烦的事情，他都了然于心。

“在我向导师讲述这个问题时，他微笑地看着我说：‘路易斯，你陷入了一个关于领导者的古老神话。’

我们不是因为关系亲密取得成就，而是通过取得成就拉近关系。

“我非常不解地望着他，他跟我解释道：‘你想让销售人员通过拉近与你的距离来激励他们取得成绩，如你所见，这种

做法很快就失效了。更有效的方法是，你要只允许他们通过获得成绩来拉近与你的距离。’

“这让我难以理解，原本我是以交朋友式的领导风格为荣的。不过我对伯纳德·韦斯非常信任，因而听从了他的建议。这么做是对的，因为很快就获得了成效。

“伯纳德·韦斯还帮助我创造了另一个奇迹。以前我一直以为，我只需要领导好自己的员工，但他告诉我，这只是所有领导中最容易的。更困难的是，还要去领导同事、老板和其他的员工。‘你要领导每个人。往上，往下，以及周围都要领导，还要领导你自己。只要你在，就必须一直领导。’我把这个认知还有其他许多认知都运用在了日常生活中。通过这种方式，我迅速练就了领导力，成为科隆大学的客座讲师。

“现在，到了实现我最初梦想的时候——我又开始从事竞技体育运动，学习了轮椅橄榄球——一个激烈的运动项目。不过更让人受不了的是与体育官员相处。在这儿，我不想一一细数过程中遇到多少困难和阻碍，但请相信我，若是没有领导力，我中途就放弃了。

“后来我成为国家队队员，被选中参加了悉尼残疾人奥运会，并当选欧洲最佳球员。此外我还当选为首任德国轮椅橄榄球协会主席。当然，特别有价值的是，我结识了一位奥运高级官员，克里斯·伍德——一位绝佳的领导者，从他那里我也学到了很多。”

路易斯·伯格给他的听众留下了深刻的印象。他仿佛能够猜出大家的想法，说道：“我告诉你们这些并不想哗众取宠，而是希望你们可以接受我接下来要给大家的建议。我将给各位提供一个机会，去了解关于领导者的真正秘密。并且要向大家介绍我的 6 个月训练计划，我称为‘简单领导’，通过这个计划，各位将会成为真正的领导者。不过你们必须真心参与这项计划，并且全身心投入。”

格鲁伯股份公司的董事会成员请求他继续讲下去。但路易斯・伯格建议大家先去吃午餐，13：15 再准时回来。

第 3 章　领导人圆桌会议

到了约定的时间，路易斯·伯格继续讲述他的故事："专业媒体报道了我的事情，我被邀请参加脱口秀节目，猎头不断打来电话，最后我加入了一家大型跨国集团。我被任命为全球市场销售总监，立即面临全新的任务与挑战。在导师的帮助下，我很好地完成了任务，我开始对自己作为领导者的角色有了良好的感觉。

"那时，我接到了导师伯纳德·韦斯的电话。他邀请我去他居住的岛上做客。伯纳德是经常督促我，并引发我思考的人之一。

"我欣然接受了邀请。在令人心旷神怡的环境中，我俩进行了深层次的交谈。我们谈到了人生到底什么才是重要的，谈到了生命的激情，谈到了为什么多数人都不愿意离开自己的舒适区，去发现自己真正的能力。我变得焦躁不安。伯纳德知道我在山上的那段经历和我对自己的承诺。他要我现在就去实现它：'到了你该辞职的时候了。该去实现你的梦想了。'

“我表示反对，我还没有准备好，我必须做好更为深入的准备。伯纳德引用了亚里士多德的话来反驳我：

‘有些事情我们要做了才能会，那我们就边做边学。’

“然后他说：‘路易斯，我认识你很多年了，我真觉得你不应该再等下去了。’我惊呆了，思绪万千：我已经成了被认可的领导者。我现在有了可观的收入，不用再领社会救济金。我有着在大集团工作的保障。对于一个坐轮椅的人来说，安定是件大事。我是有名望的人。可是现在这人对我说我应该放弃一切，一切需要从头开始……

“‘那次事故带来了什么好处？’我仿佛听到伯纳德的声音远远地传来，然后再次响起：‘那次事故带来了什么好处？’渐渐地，这个问题占据了我的意识。我已经很久没有听到这个问题了。我后悔曾经告诉伯纳德这么多关于自己的事情。他对我微笑，仿佛猜透了我的想法：‘路易斯，这由你自己决定。’

“我心神不宁地回了家。我和伯纳德·韦斯、奥运高级官员克里斯·伍德以及我太太进行了长谈，颇有助益。后来我休了假，以便安静地思考。突然间我明白了，其实决定早就有了。我别无选择。于是我辞去了安定的工作。

“我又一次陷入没有任何保障的境地，我等于靠自己的积蓄生活，我开始整理自己有关领导者方面的知识。这样做时，我突然意识到一件事——我写的这些东西很不错，甚至是相当棒的。但这些内容不成体系，没有一套清晰的程序，无法令每个人都能在一定时间学会。

“这个认知就像是一记耳光打在我的脸上。因为没有系统，我没办法也不愿意开始。我思考、搜索、阅读了大量有关管理和领导者的书籍，结果令人失望：‘许多好的开端，许多错误的结论。许多顶尖企业家的个性特征被错误地称为领导风格……没人清楚地定义过一个领导者应该完成哪些领导者任务。’

“我想要精确定义这些任务：要实现有效的领导，人们必须做到哪些事情？那么我就要将这些任务汇总到一个系统当中，创立一套程序，一套清晰、简单并有效的程序，有了它，任何人都能成为领导者。

“然而，直觉告诉我，多数的关键要素我还没想到。那些重要的问题我还根本没触碰到。然后我就开始停滞不前了。工作没办法继续进行下去，我越来越失望，但我不能放弃，也不愿放弃。

“几个月的时间过去了。最后，我想起了我的导师，向他们征求意见。我约见了克里斯·伍德和伯纳德·韦斯。可是不同以往，这次他们都回避我的问题。他们只是神秘地微笑，给我一些有哲学意味的答案：‘别放弃，你会找到解决办法的。’

“后来我收到一封信。是邮差送来的，它改变了一切。信的内容简明扼要。

尊敬的伯格先生：

我们诚邀您参加在伦敦举办的领导人圆桌会议。您的机票、旅行文件与会议相关细节见附件。

期待您的到来。

诚挚问候

大会主席

马克·麦克凯恩

“机票是头等舱的，信纸明显价格不菲。豪华饭店的房间已经预订好——所有费用都已经付过了。看起来他们很肯定我会接受邀请。尽管如此，我还是在犹豫。

“我太太嘲笑我：‘路易斯，只有你那些堆积如山的工作都解决了，你才能去参加吧。’我突然意识到我已经好几个礼拜没出过家门了，就连运动我都忽略了。我决定坐飞机去伦敦。

“我在飞机上遇到了一位很有魅力的长者——哈拉尔德·格鲁伯。我一下子就喜欢上了他。碰巧的是，他曾经在一个脱口秀里见过我，于是我们聊了一些关于领导力的事情。

“我受邀来参加领导人圆桌会议这件事引起了他的注意，他以前就听说过这个神秘的圈子。

“当我们聊到管理方面的著作时，我告诉他自己的看法：‘我认为，大多数的书都出现了一个同样的错误：它们讲的主要是成功领导者个人的过人之处。如此一来，大多数读者无法获得认同感，其实他们无须将自己与他们相比。成功者被当作效仿的榜样展示给读者，但读者在他们的个性特征中无法找到自己，因而放弃。他们认为自己不是天生的领导者，这就是为什么大多数人错过了自己本来可以经历的人生的原因。’

“哈拉尔德•格鲁伯若有所思地看着我。他考虑了一会儿，然后问我这个问题怎么解决。我答道：‘我们必须把领导者的任务清楚地描述出来，让其成为一个系统。’

“他机敏地看着我，毫不客气地问：‘据我所知，到目前为止没有这样的系统，许多人在寻找，为什么偏偏是你能设计出这样的系统呢？’

“我向他讲述了我的事故，还有那个‘事故会带来什么好处’的问题，以及我得到的答案。我知道‘这套系统我还没有，但我也不一定要一个人去搞定它。领导工作并非单打独斗。’

“哈拉尔德•格鲁伯若有所思地点点头。告别时，他说：‘我相信你会做到的。我非常看重自己的公司与员工，他们对我意味着一切。等你开发出这套系统之后，请跟我联系吧。’我答应了他。后来我们一直保持联系，成了朋友。

“那个神秘的领导人圆桌会议在一个大厅内举行，我被引领进去。大约有 25 个人聚集在那里，其中有几位女士，绝大多数都是年长的男士。他们看起来德高望重，有着成功人士的强大气场。

“一位头发花白的男士自我介绍：‘领导人圆桌会议欢迎大家的到来。我是本次大会的主席马克•麦克凯恩。我可以称呼你路易斯吗？我们在这里都是互称名字的……’

“后面我没有专心听他讲。我的视线从一个人转向另一个人，突然落到了伯纳德·韦斯身上，他正在朝我友好地微笑。我将轮椅转个方向，然后看到了克里斯·伍德。他也对我鼓励地点了点头。突然我又意识到，马克·麦克凯恩在对我说话。尴尬之下，我变得有点儿结巴起来。在场的人笑了，不过我不觉得他们在讥笑我，相反更像是他们对成功给我惊喜感到高兴。

“‘你看到了，我们中的几位已经伴随你走过了一程’，马克·麦克凯恩微笑着说，‘请允许我简单介绍一下圆桌会议的其他与会者……’来参会的有富豪、员工众多的企业家、经济学家、哲学家、历史学家和一位女心理学家。这个名单令我印象深刻。

“马克·麦克凯恩继续说道：‘我们的工作是秘密进行的，因此我请求对我们的身份保密。你可以对这里发生的事情做出报告，但不允许说出在场者的名字。此事我愿你能承诺。’我很高兴地做出了承诺。‘这个圈子一直都存在，’麦克凯恩先生解释道，‘这件事上我不想多说细节，简单地说，知识积累起来会让我们更好地提高自己。几年前，我们第一次相聚，我们中间每一位都是各自领域的专家和领导者，领导和与人打交道是我们人生的目标。不过我们都知道，大家都听从直觉去行动，而没有可识别的系统。我们的成就不容易被复制仿效。对此我们感觉不满意。最后，大家都被一个重要目标引领着——

我们想要定义，

领导者有哪些任务，

提供给他的辅助工具有哪些，

他必须遵循哪些原则才能使自己的工作有意义与价值。

这三个问题——什么，用什么，怎样做/为什么，就是我们所寻找的这套系统的出发点。’

“三个词魔术般地出现在幕布上，无声无息中一台投影仪从天花板降下。什么、用什么，怎样做/为什么，这些词从我眼前闪过。确实！我从前只问过是什么，然后在里面绕圈。我感觉自己离目标只差一步之遥了，于是充满渴望地继续倾听。马克·麦克凯恩继续说：‘生活善待了我们，我们想要回馈生活——就是一个系统，它可以让每一个人都能卓有成效地进行领导。因为我们知道：领导力是成功与失败的区别，是圆满人生与令人平庸的沮丧之间的区别。我们接到这个挑战，回答这三个问题，然后将自己的知识汇总到一个系统中。大家对此感觉熟悉吗？’

“我不禁微笑——这对我熟悉吗？不言而喻。伯纳德·韦斯朝我点头。马克·麦克凯恩继续说道：‘我们对已有的论著做一个评估，用以补充自己的经验。我们碰面进行讨论，经常一讨论就是好多天。当我们得出初步结论之后，还要花费多年时间去加工完善，直至感觉满意。现在我们终于将这三个问题清楚地回答出来，并且搞清楚，在第三个怎样做的问

题里，总会包含着关于意义的提问，就是为什么。在答案的基础上，我们创立了这套系统，有了它，每个人都能做领导者。’

“马克·麦克凯恩将身体靠向后方，征询我的看法。我非常紧张，‘当然，’我说，‘大家不能只提出问题，还必须要指出，需要哪些辅助支持才能完成这项任务。我就没能想到这一点……还有，点出那些永远不变的原则是一切长期成功的基础，这很精妙。’

“‘为什么这些如此重要？这与许多人在实践的个人崇拜有何不同？’马克·麦克凯恩继续挖掘。

“我没有被迷惑，因为我终于明白了。我终于找到了答案。我控制自己不要大声欢呼，然后答道：

“‘如果你定义了成功的固定原则，就能将人的因素从原则中分离出来。’

“这是如此简单，却又妙不可言。这个简单的认知为每一个想要成为领导者的人开启了大门。之后我终于还是忍不住说：‘我开心得想要喊出来。’

“马克·麦克凯恩点点头。很明显他对我的回答表示赞赏。其他人互相对望，看起来他们都以我为荣。伯纳德补充道：‘价值观与原则是不同的，大家需要明白这一点。价值观包含着主观的成分；而原则与之相对，是不会改变的。’然后他又急切地说：

‘效仿别人的人，在试图接受他人的价值观。假如不同的员工效仿不同的榜样，就会产生混乱，因为他们的价值观永远不会一致。

‘与之相反，原则是不变的，因为它们独立于人而存在。原则告诉我们：

‘这就是我们公司的运作方式，别无他途。’

“克里斯·伍德领悟了他的话，站起来说道：‘我们知道，你在这个问题上长久未取得进展。我们也曾经如此，其他许多人同样如此。你正确地认识到，问一位领导者应该是一个什么样的人，这并没有效果。问一个领导者应该是一个什么样的人，问的是个性特点，这只能导向不幸的明星崇拜，今天我们有太多这样的情况。很不幸，因为对个别的超级老板的崇拜和模仿常常被当作可以复制的领导模式，其结果让许多人感到灰心失望。许多人因此失去信心，甘愿接受自己无法做到像超级老板一样，不相信自己能做领导者。除此之外，只有领导工作才要求人们具备某些特定的个性特征。其他的职业并非如此。一位跑步运动员必须跑得快，泥瓦工得能做泥瓦活儿，艺术家可以画出绚丽的图案，律师可以打赢官司……对于领导者，许多人却有着超人的期待。路易斯，’克里斯·伍德直接将话题跳转到我这儿，‘你已正确地认识到，询问一位领导者正做什么是更为有效的。’

“伯纳德·韦斯接过话题：‘不过这样的认知对各位还不够——大家并不满意。你觉得人们寻找在工作中的意义和方向。一方面，大家想要将是什么与做什么分开。你们感觉到，没有人能够成为像其他领导者一样的人，但是多数人可以学习像那些人一样去做事。另一方面，大家有理由想要回答出关于意义和方向的问题，并且不会因此引起要接受某些特定个性特征的后果。如今大家知道了解决方法——让每个人都能用以定位的不变的成功原则。在这里要讲的不是具备某些特点，而是以某种方式行动。这是可以学习的，并且非常简单。每一位领导者只需完成五项任务，为此，有五种辅助工具提供给他们，并且有五条不变的原则，它们会为一切长期的成功打下基础。'

"接下来是一个稍长的休息时间。我心中感到莫大的幸福，对圆桌会议心怀无尽的感激。我感觉，这些领导者马上要把他们的系统介绍给我。不过我却对将要发生的事一无所知。"

路易斯·伯格中断了自己的讲述，目光扫过格鲁伯股份公司的管理团队。他看到这些人需要一些时间来消化接收到的信息。"我建议先到此为止。今晚我要请各位思考，为何这个解决方法如此精妙。或许大家已经有了一些想法，其中所指的任务、辅助工具与原则都是哪些。明早我们将先来谈这些问题，之后我会继续为你们讲述我的故事。"

第4章 3×5

大家已经形成了一个习惯，早晨9：15准时见面。他们热情地欢迎路易斯·伯格。经过这段时间的相处，他已经像是大家的老朋友了。另外还发生了一件事：很长一段时间以来，他们第一次盼望着来公司上班。

伯格的第一个问题正如大家所期待的："让我们先来回答是什么的问题。为什么领导者必须准确地知道人们对他们的期待是什么？"

韦尔里奇先生答道：

"不了解自己任务的人，就无法执行任务。"

坐在轮椅上的人点头，表示认同。韦尔里奇先生继续说道："虽然我一直都知道仓库工作应该怎样做，但一直不清楚自己的管理任务。因而我始终将把自己的员工，以及相关负责人羁绊在技术任务之上。这样一来，他们不知道如何领导他人。"

阿尔弗雷德·斯派特补充道："如果身居管理层的员工的

任务没有定义清楚，就没有评定的标准。我就无法评估他们是否尽责了。如果我仍然试图去评判他们的业绩，那这一切就会非常随意而武断。”

“结果就是没有人真的知道，别人对自己的期待是什么，”人力资源部经理曼努埃拉·赫兹利奇描述了这样的情况，“那些如此不确定的人，他们永远都无法达到自己本来可以达到的成就。失望情绪会爆发，公司的文化氛围会变糟。有辞职倾向的人就辞职了。”

祖克先生不慌不忙地说道：“将任务描述清楚，这是面向解决问题而进行沟通的全部基础。只有这样，才能让任务成为大家了解并被大家接受的基本量。我甚至认为，如果不把任务搞清楚，就无法沟通交流。”

路易斯·伯格祝贺大家获得这样的认知。大家也感到他是由衷地为这样的答案而欣喜。

他在白板上写下：

通过明确任务可以做到：

第一，工作是可以衡量的。

第二，控制成为可能。

第三，有了安定感和方向。

第四，明确的任务是有效沟通的基础。

“现在我们来说说用什么，就是辅助工具。木匠认得他的工具——锯子、锤子、刨子……机械工认得扳手，牙医认得牙钻……不过令人惊讶的是，迄今为止还没有人将可供领导者使用的辅助工具确定出来。正如我已经说过的，有五种重要辅助工具提供给领导者。假如不使用这些工具，就不会成功。我们不仅要认得它们，还要学会使用它们。这就需要进行一些练习。”

“我很好奇这五个辅助工具是什么，”萨尔姆女士插话道，“什么时候可以知道？”

戈特弗里德•祖克贸然答道：“我认为，惩罚是重要的工具。就像管小孩儿一样，没有处罚，你就无法教育孩子。”

英格•萨尔姆立刻怒道：“幸好你没有孩子，我真觉得难过。惩罚，太可笑了……”

斯派特先生若有所思地说：“嗯，我认为一个好的计算机程序会是重要的辅助工具。有了它，我就可以更容易地调整各批次的货物。”

赫兹利奇女士反驳他道：“阿尔弗雷德，我们现在说的是如何更有效地进行管理，而不是你讲的实际工作任务。”

路易斯•伯格微笑着说：“请大家耐心。圆桌会议向我明确地展示了这五项任务、五种工具和五条原则。我会以同样的方式介绍给大家。这些内容会令你们豁然开朗。首先让我们来说说怎么做的问题，就是原则。为什么每位员工都要准确地知道公司的原则呢？为什么了解了自己的职责和工具还不够呢？”

“这个问题我考虑了很久，找不到一个令人满意的答案，”阿尔弗雷德•斯派特说，“然后我就用规则替代了原则。现在我明白了——我们需要有关如何执行任务和使用这些工具的规则。”

韦尔里奇先生说：“这个问题我也思考了很长时间。我和太太一起完成了一个表述……我把它记下来了……请等一下……”他尴尬地掏出一张纸，然后念道，“原则确立了公司的一切所依据的不变规则。在某种程度上，原则确定了公司的核心、道德观与定位。”

“这是个非常成功的表述，”伯格先生说，“原则是明确制定的规则，这对一个公司很重要。原则是公司的道德观，并为公司发展提供方向。借此建立企业文化，原则决定了公司的精神。只有那些了解公司原则的人，才能判断他们是否以公司的精神完成了他们的任务。但有一个方面是缺失的，各位觉得那可能是什么？”

萨尔姆女士发言道：“伯格先生，你说原则不只是提出了怎么做的问题，还有个为什么的问题。这个为什么——在我看来，问的是意义。在理想的情况下，每一位员工都知道为什么自己做的事情是重要的。假如公司具有他们能够认同的原则，他将为此感到骄傲。他会为公司感到自豪，也会为自己是公司的一员而感到自豪。”

路易斯•伯格赞同地拍拍手：“的确如此，你说到点子上了。我要给你鼓掌。看到各位将这些问题思考透彻了，真是非常令人开心的事情。与你们一起工作是种享受。”

董事会成员害羞地看着彼此。但足以看出，伯格先生的表扬让他们高兴。等大家消化了一下他的话，路易斯•伯格说道：“我将明确的领导任务、辅助工具和原则的优点总结在了小卡片上。大家可以再次综观一下所有内容。”他分给每人一张小卡片。

明确的领导任务、辅助工具和原则的优点

任务（做什么）	• 使工作可衡量 • 使控制成为可能 • 给予大家安定感和方向 • 成为有效沟通的基础
辅助工具(用什么)	• 帮助完成任务以提高工作效率 • 是节约时间的杠杆 • 让那些使用工具的人成为卓有成效的领导者
原则（为什么）	• 告诉人们如何执行任务 • 控制公司的发展方向不变 • 给出定位 • 建立公司的核心与道德观 • 形成不依赖于人的企业文化
人（为什么做）	• 赋工作以意义 • 为公司和自己树立自豪感 • 创造身份认同

每个人都对他送的小卡片表示感谢。路易斯•伯格说道：“现在各位该听我余下的故事了。祖克先生，你乐意帮我倒一杯咖啡吗？咖啡壶对我的手来说太重了。”财务主管很高兴地为他倒了杯咖啡。

“各位记得——圆桌会议的领导者给我的答案令我欣喜异常。我知道自己很快就将获得有关任务、辅助工具和原则的准确定义。不过，对于接下来要发生的事情，我完全没做好准备。苏•威拉兹，圆桌会议上的女心理学家解释道：‘我们创立了这套系统，使每个人都能成为一个有效的领导者。但这仅仅是个开始。之后我们开始寻找合适的推广者。从一开始我们就达成共识，我们的这些观念不能依赖于任何人，现在我们要问：这到底是给谁的？我们把标准特意拉高，设立了四项标准。’

“苏•威拉兹阐释了这些标准。

“‘第一，应该是具有成功领导经验的人，而不是只会讲道理的理论家。他们什么都知道，但是不能执行，因为他们自己从未领导过。结果是一大堆脱离实际的管理模型，带来的也只有混乱。’

“‘第二，这些人员应该深知，未来的领导方法不是通过力量和斗争来进行的。战争已经左右人类的生活太久了。’威拉兹女士说。

“‘第三，’她继续说，‘我们寻找的是那些与我们献身相同使命的人，大家一起努力寻求那些将要改变整个世界的人与公司的答案。’

“‘第四对我们很重要，这些人不会尝试把自己的个性特点阐述为系统，而是乐于服务于使命。他们明白，这套系统要比个人崇拜来得重要。’

“到这里苏•威拉兹停顿了一下，其他领导者则沉思着点头。显然他们对这四项标准已经研究很久了。现场出现短暂的沉默。最后是马克·麦克凯恩开口说：‘如刚才所言，我们未曾做出妥协，因而找人并不容易。不过让我们的准备更加充分了。’我环顾四周，期待着。没有人走进大厅。所有人沉默地看着我。我慢慢意识到——他们在看着我。

“这不可能。马克·麦克凯恩郑重宣布：‘你，路易斯·伯格，就是我们选定的。我们非常希望你能帮助我们把这个系统推广开来。请你向人们展示，领导有多么简单。’”

路易斯·伯格沉默了。然后他清清嗓子说：“当时我就像被重重地击了一拳。感觉自己就像跳起来又掉进了湖里。一道闪电击中我。我什么也说不出，支离破碎的画面、许多想法和感觉飞速掠过脑海：那座山崖、湖、事故、医院、我的绝望、复健、克里斯蒂娜、小山、‘事故会带来什么好处’的问题、社会救济金、卖轮椅、销售主管、轮椅橄榄球、奥运会、德国国歌、参加电视节目、营销总监、我的女儿薇薇安、绝望的寻求……难道我的事故确实是通往这项使命的桥梁吗？我忘记了周围的一切。我正身处于一趟自己最重要的旅程，通往内心的旅程——所有外在的东西都消失了。突然一股巨大的感激之情充满了我——我感激自己遭遇的事故。当然我宁可只折断了小手指，不过那样的话，我就不会成为路易斯·伯格，今天的这个我，有弱点，也有机遇。我的人生路将永远不会把我带到今天的位置。永远不会的。我不再想要交换——与任何别样的命运都不换。已经发生的这些，便是好的。我满心感激，与命运和解。我再一次站到了小山上，只是此时再也不想离去。”

坐在轮椅上的男人再次陷入一阵沉默，然后继续讲道：“过了一会儿，我回到了周围的世界。浑然不知自己这样坐了多久。其他人看得出，我非常感动。不过我不觉得丢脸。我原谅了所有人——即便是那些搞砸了我第一次手术的医生。我与自己和自己的命运也达成了和解。这真是一条漫长的道路……我看看四周，每个人都注视着我，这些人理解了我。他们显然可以很好地体会在我内心发生的事。没有人表现出同情，我在他们眼中只看到了尊重与快乐。

“当时发生了两件事：

“第一，我感觉自己是领导人圆桌会议的一员。这在那天早晨还是无法想象的事。但现在像是世界上最自然的事。

“第二，我知道我的内心早已接受了这项使命。我知道，我必须做这件事。在我经历内心之旅之前，我还想提出反对意见：‘可是我坐着轮椅，我没法做这件事。’与此相反，现在我明白了：事故令我为这项使命做好了准备。我将自己的决定告诉了大家——没人表现出惊讶。

“然后马克·麦克凯恩郑重地交给我一个大信封。信封上写着：

简单领导

3×5

“我手里拿的东西非常清楚——3×5 的论文，是对那五项任务、五种辅助工具与五条原则的描述。信封就像在我手中燃烧，它蕴含着实现有效领导的完整系统。‘现在这是你的使命了，’马克·麦克凯恩说道，‘你必须将这信封里的内容传达给尽可能多的人。请你永远不要停止努力。永远不要忘记：

领导力是成功与失败的区别，也是圆满人生与令人沮丧的平庸之间的区别。’

“我被正式接纳为领导人圆桌会议的成员，之后所有人都表示理解，现在我想要安静一下，来专心看看信封里的内容到底是什么。”

路易斯·伯格向后靠去。现在格鲁伯股份公司的管理团队了解他的故事了。他在大家的脸上看出，他们已经理解了他的话。并且他们非常急切地想知道，信封里面藏了什么。

路易斯·伯格继续说道：“在信封里，我发现一封信和另外三个信封，每个信封里面又装了五个更小的信封。三个信封上面标注着‘任务’‘辅助工具’和‘原则’。这些资料归我所有很久了。其中的内容我已经介绍给了几家公司。结果是令人惊讶的，几乎是难以置信的。当然我也告知了哈拉尔德·格鲁伯关于这套系统的事。他感到兴奋。我很高兴，请各位准备好认识这套系统。”

坐在轮椅上的人建议先由他来读出那封信，然后会给组中的每个成员一篇关于任务的论文。大家表示同意，他便开始读信：

尊敬的领导：

当你读到这些话的时候，你已经做出了决定——在你的内心，自认是一名领导者。

在运用“简单领导”的过程中，你将会获得保障的系统。你会了解到任何成功的领导者都需要执行的任务、你应该使用的辅助工具，以及必须遵循的行事原则。如果能执行所有的15项指导，你将能够进行有效领导。

你还有第二点保障——简单领导是完整的系统。你无须再寻找更多的领导任务、辅助工具与原则。更多的东西并不会令你的工作更高效。相反，只有当你对这套系统感到满足时，领导工作才会成效显著。

当你读这些内容时，会对许多东西有熟悉感。领导是一门古老的艺术。新的是这套系统，不过系统的组成部分有一些是非常古老的内容。不管在哪个时代，都有领导得很成功的人。但这套系统，第一次让每个人都可以成为领导者。

正如你所理解的——作为领导者，必须将注意力集中在做事上。你的行事风格决定你成为什么人。如果你想改变自己，必须改变你的习惯。这是唯一的路。

要满怀责任感地对待你在此找到的知识，成为能够成为的最棒的领导者。并且与他人分享这套系统。在你阅读这些内容之前，请郑重承诺：将这套系统告诉另外两个人。一位领导者从不会将知识独占。如果有人将一套成功的系统只拿来自己用，就如同那些踩着梯子攀向高处的人，接着把梯子从身后抽走，以防他人跟上。这不是真正的成功。

我们祝你拥有一位领导者的圆满人生。现在你已是我们的一员。

领导人圆桌会议

路易斯•伯格将信放到一旁："正如刚刚宣布的，现在要将关于那五项任务的论文交给你们。各位还记得将这些任务明确有哪些优点吗？"

前三项优点他们立刻想了起来，第四项得看一下坐在轮椅上的人给过他们的小卡片才行。任务明确的优点是可以——

第一，工作是可以衡量的。

第二，控制成为可能。

第三，有了安定感和方向。

第四，明确的任务是有效沟通的基础。

伯格点点头，建议道："请你们仔细阅读这五篇论文并思考，我们这个圈子以外还有哪些人也应该读到这些论文。然后就去做那些你认为正确的事吧。请跟随你内心的声音行动起来。我建议，两周后我们再准时碰面——在我们的老时间。”

坐在轮椅上的人将五份文稿分发下去，便告辞了。他的听众开始阅读。他们直到夜里才离开会议室。有些事情已经开始了……

Leading Simple

第二部分

简单领导——系统

促使他人进步、达成企业目标、创建系统、委任、检查，领导者的任务有且只有这五项。

第5章　五项任务

9：15，路易斯•伯格准时来到会议室。“早上好。那五篇描述各位作为领导者任务的论文，大家读得怎么样了？”大家亲切地问候了他。格鲁伯的团队兴奋地期待着这次碰面。

英格•萨尔姆无法安静地坐着，她激动地在房间里走来走去：“这些论文太棒了。我有如醍醐灌顶……”其他人纷纷赞同她。他们明白，如果真的能够完成这五项任务，一切都将改变。

阿尔弗雷德•斯派特踱到伯格身边：“我们想要确认一下自己对重要部分的理解是否正确。因此大家将这五篇论文分别做了总结。你想听听这些总结吗？”坐在轮椅上的人点点头。“控制很重要。”他的微笑在暗示阿尔弗雷德•斯派特作为财务总监的职责。所有人都笑了，财务总监将眼镜扶正，大声读道：

第一项任务：促使他人进步

作为一位领导者，应该始终有系统地促进员工提升。这个系统考虑到了每个人可能经历的四个阶段，在每个阶段需要不同的领导者风格。这阶段，应该按照该员工具备多少能力和责任心划分。

在第一阶段——低能力，强烈责任心。

领导者要做指挥，要能准确指出员工必须做哪些事情。

在第二阶段——能力有所提高，责任心下降。

领导者必须为员工设立目标，对员工进行训练，并且检查目标完成的情况。

在第三阶段——高能力，不稳定的责任心。

领导者对员工必须高标准，严要求。

在第四阶段——高能力，强烈责任心。

领导者可以任命并赋予责任。

第二项任务：实现公司目标

一个公司最重要的目标——获得利润。这就是领导者被公司雇用的原因——他应该为公司创造更多的利润。为此，他首先要努力节省成本，应该奖励那些节省了成本的员工。此外，他必须努力提高销售额。这要通过在公司理念上多做功课，以及将客户变为忠实“粉丝”来实现。领导者必须创立一种考虑到上述几点的盈利文化。

第三项任务：创建系统

领导者应该先创建系统。让每个员工都了解自己的任务，这样就可以少做一些直接领导。领导者要让自己变得可有可无，并且准备好接受新任务。

为了能使用成效显著的系统工作，领导者首先要问：要实施企业理念，我需要哪些程序？然后研发出一套适合的系统，接下来他必须寻找员工，这些员工的长处要在系统中具有价值。最后他应该将所有重要流程和系统编制成一本手册。

第四项任务：委任

作为一个领导者，不应该接过员工的任务自己做，而应该将工作更多地交给员工做。只有这样，他才能将自己一半的时间留出来，去应对那些无法预知的事件。领导者应该知道，只有当员工比他自己干的活儿多的时候，任务委派才做到了足够和充分。这里必须注意，不要给资质高的员工委派只需要低资质员工就能完成的任务，也不能允许任务被推给他人的事情发生。

一位领导者会一再问自己，哪些任务可以委派下去——委派给谁。他会将任务描述给做事的员工，授予其权力，并订立检查期限。

第五项任务：检查

前四项任务没有检查是不可想象的。为了让检查不使人恐惧，而能被大家认识到是不可放弃的帮助手段，我们必须按照一套透明的机制进行检查。

工作能力通过员工定期写的书面报告进行检查，另外通过抽样来检查，抽样按照事前商定的、可清楚衡量的标准进行评判。

为了评判员工对工作的投入度，领导者要自己对员工的具体行为进行记录。他在公司原则和个人主观评估的基础上做判断。领导者应该快速给出反馈。

阿尔弗雷德•斯派特将文稿放到桌上，紧张地看着路易斯•伯格。当后者拍起双手表示赞同时，斯派特先生明显松了口气。

坐在轮椅上的人说道："我很激动，原因有二：一是你完成了一份确实非常出色的总结。五项任务的所有要点都包含在内了。二是这样的一份总结虽然无法取代完整论文，因为只有读完全篇论文，才能完全理解这份总结。不过，你证明了自己已经理解了论文的重点。此外，你可以反复快速翻阅这两页纸。阅读全篇论文并不总是可行的。"

领导团队成员纷纷点头。路易斯•伯格继续说道："我另外还要给大家五张卡片——在这上面，你同样会找到一份总结。这份总结不像大家做得那么简短，不过还是比论文要短得多。这样，各位就有三种可能，去准备你的任务。如果时间很紧张，你就翻阅一下自己做的总结。如果你要准备一项具体的任务，你就读相关的卡片，然后时不时地静下来完整地阅读每一篇论文。每读一次你都会发现一些新东西。”

路易斯•伯格顽皮地笑笑说：“不过，我这么开心还有一个原因。我计划制作一部有声书，内容关于我对各位讲述的一切，以及我们大家的碰面。这中间我遇到一个问题被卡住了——我不只想要对读者的头脑讲话，还想对他们的心讲话。因此我才讲述自己的故事。在我看来，如果在此处衔接那五篇完整论文，这本书就会出现一处中断。论文重要又深刻——但它们不会引起读者的情感共鸣。因此我更乐意先把自己的故事讲完。但我又想将读者与论文内容的距离拉近。斯派特先生，你用你的总结向我展示了解决方法——我让读者来做决定。读者可以首先读故事，简单领导系统相关的问题就先从简短总结中获得满足。而那些想要立刻准确知道的人，可以在第四部分中的133页读到论文，以及有关的学习卡片，之后他们可以继续阅读故事。斯派特先生，我要谢谢你给出了这个解决方法。”

阿尔弗雷德•斯派特显然带着几分骄傲地抚摩了一下他的胡子。然后他说：“我们还做了一些事。我们把自己无法解答的问题记下来了。要我读一下这些问题吗？”

“请读，”路易斯•伯格答道，“我很高兴大家为我们的碰面做了如此充分的准备。”

斯派特先生几乎有些不好意思地说："我们中有一位心存疑虑，这些是否就已经是全部的领导任务了。比方说，领导是否不用传达和激发愿景？第二个疑问：论文中一再强调了系统的重要性。这种固化的系统不会使人变成机器人吗？难道不存在对员工要求过高的危险吗？如果有人不愿意遵循这套系统怎么办呢？最后我自己还有一个问题：我们应该什么时候开始？我们完美掌握这套系统还需要很长时间。"

这些问题告诉路易斯•伯格，格鲁伯股份公司的领导团队非常认真地对论文做了研究。他表现出难以掩藏的喜悦，然后提出一个出乎大家意料的建议："各位是否想认识一家以这五项任务为基础去领导的公司呢？在那儿，你能够找到这些疑问的答案。那里的几位领导者在前一段时间也处理过类似的问题。因此他们能够给各位颇有价值的帮助。"

大家当然都想认识。"好的。我建议下一次我们在 14：15 在钢铁有限公司的会议室碰面。届时将有人迎接大家。具体地址我已经为大家写好。请提前计划大概 3 小时的路程时间。啊，还有一件事——各位将看到一家确实非同寻常的公司和一些卓越的领导者。"

第6章 为什么动力必须从内部来

格鲁伯股份公司的五位董事会成员准时到达了钢铁有限公司。他们被引领到会议室。大家立刻注意到，演示屏幕上有一个非常怪异的布偶猴子。这只毛绒玩具立刻让大家想起关于委任的论文，里面将任务与猴子做比较。每个人为他自己的猴子负责。帮助一个员工不意味着接管他的猴子。许多领导者无法正确委派，因而总是辛劳过度。五个人都拿了一下显示屏上的布偶猴子，来帮助自己很好地记忆。

路易斯•伯格与一位大约40岁的女士走了进来，女士看起来平易近人，同时眼神中透着坚定。她看起来心情不错，友善地问候大家："我是萨宾娜•玛提思，本公司的经理，热烈欢迎各位。路易斯•伯格的朋友也是我的朋友。我们的企业能有今天的成绩，非常感谢他。前一段时间，我们经历过一次巨大的危机。幸运的是，当时我认识了路易斯，然后他给了我那五篇论文。如果没有他，也许我们公司今天就不存在了。我无法对各位讲出我有多感激他。"

曼努埃拉•赫兹利奇惊奇地问："你是说，这些论文拯救了这家公司？可是它们只说了关于领导的问题。这套简单领导的系统怎么能决定整个公司的存亡呢？况且，你的公司看起来规模挺大的。”

萨宾娜•玛提思带着友好的微笑说：“是的，我们有6000多名员工，但这不是公司大小的问题。现在所有事情都在飞速发展。还不等人员好好做完专业训练，市场上就已经出现了新的工作程序。专业能力仍是重要条件，但已不再是不可逾越的差距。创新、市场营销策略等，一切都会被竞争对手在几个月内复制出来。现在的差距是通过人产生的。那些能够做到持续发挥自己优势的公司，将取得领先。唯有简单领导这样的系统，才让人们认识到优势并且不懈地推进优势，使发展成为可能。”

“现在我明白论文的主旨了，”曼努埃拉•赫兹利奇兴奋地插话道，“它是说，去发现人们的优点并且推动其发展。”

“不只是人的，”女经理补充道，“还要找出企业的优势，最优势的产品，企业最佳的系统，企业的定位。但是简单领导永远都是关键。如果没有这样一套领导系统，发现与推动优势就只能靠偶然了。我相信，如果各位获得了有关辅助工具的五篇论文，这一切就会更为清晰了。”

突然间，有人的喊叫声从走廊那边传到会议室里。听起来就像是进球之后发出的欢呼声。之后响起了大声唱歌的声音。没错，有人在高歌，而歌声并不怎么美妙。格鲁伯股份公司的领导者疑惑地看着萨宾娜•玛提思。但她看起来完全没有被激怒，相反，她已经开心地笑起来。路易斯•伯格也没有露出惊讶之色。玛提思女士请人把唱歌的人带到会议室来。他立刻就来了，这是一位矮小敦实的男士。大家看着他，看起来要停止继续歌唱对他可不是件容易的事。女经理请他做自我介绍。

“非常乐意，”这个自我介绍叫沃里的人一开口就滔滔不绝，“生活太美好了。美——不——胜——收——”

萨宾娜•玛提思觉得也许由自己替他来解释一下他的行为会更好些：“嗯，沃里想了一个主意，帮公司节省了很多钱。为此他获得了 5 900 欧元的特别酬劳，他刚刚获知这一消息。我们为他感到自豪。”沃里走出房间，大家听到他在外面又唱了起来。

埃伯哈德•韦尔里奇表示理解：“如果我得到 5 900 欧元，也会唱歌的。”

“……我认为这么一个系统有的不只是优点，”戈特弗里德•祖克抱怨道，“说真的，作为会计我想问下：一个公司能负担得起这么大额度的奖励吗？”

萨宾娜•玛提思耐心地解释道：“通过沃里的点子公司每年将节省 59 000 欧元。因此将这个金额的 10%给他对我们来说并不困难。还有大家怎么认为，现在沃里和他的同事们会不会铆足了劲儿地发现新的省钱方法？”

“你真的全都按论文里说的做了吗？”阿尔弗雷德•斯派特问道。

萨宾娜•玛提思严肃地回答：“全部，而且不要做更多。系统本身已经是完整的。路易斯告诉我，各位写下了几个问题。我很期待听到大家的问题并乐于给出解答。”

“你已经说到了我们的第一题，”戈特弗里德·祖克插话进来，“作为领导者不用做更多吗，只完成这五项任务就行？他们不应该传达一些愿景和激励员工的积极性吗？”

“我马上就要进入愿景和激励的话题，”女经理跟大家保证，“但是之前请允许我说一句。多数人只愿意接受一个看起来复杂的、可怕的系统。这就大错特错了。刚好相反，简单的才是正确的——一个好的系统必须是简单的。大家知道这是为什么吗？”

曼努埃拉·赫兹利奇脱口而出道：“因为只有简单的系统才可以复制。一个系统无法被所有人理解的话，就根本不是系统，而是虚无缥缈的理论。”

玛提思女士赞同她的话并补充道：“所以一定得有人去为此付出辛劳——要么是一个想法的应用者，因为这想法没经过简化；要么是发明者，他对想法一直做简化，直到产生出一套每个人都能应用的系统。如果一个想法没有足够简化，那它就还没有被想得足够透彻。”

曼努埃拉·赫兹利奇转了转眼珠说：“对此我想到一个例子。几乎所有的使用说明书所能提供的帮助都很少，对于外行来说难以理解。这些说明都想得不够透彻，因而需要顾客去费力钻研。最近为了给儿子组装一张桌子，我花了将近三个小时。”所有人不禁笑起来。

女经理又接过话题：“不过我要警告大家。简单领导尽管容易理解，但并不总是容易实施。这有两个原因：第一，各位需要与人打交道，而人是不同的，情况也是不同的；第二，大家需要有原则。我们再回到大家的问题：对，系统是完整的。当大家了解了整个系统之后，就会清楚地发现这一点。路易斯，他们还没有了解辅助工具和原则，对吗？”

路易斯·伯格点了点头。萨宾娜·玛提思继续说道：“我们来说说愿景。我们在做事的时候，心里都有我们的愿景。这是从第二项任务来的。我们应该实现公司的目标，当然这与所有人都有关，不只是领导者的事。”

埃伯哈德·韦尔里奇问道：“可以这么说吗？只有一个人讲愿景，与所有员工都以愿景为导向相比，前者远不如后者有成效。”

“完全正确，”萨宾娜·玛提思点了点头，说，“一个人骑着白马在公司里驰骋，为所有人送去愿景，这样是行不通的。过一阵子员工脑袋里的愿景消失不见，他再骑上白马。这样领导的人，制造出的是依赖。”

她的表述如此清楚，令听众印象深刻。韦尔里奇先生记录下：

重视公司的愿景不是某个人的任务，而是所有员工的任务。

知道公司目标并且去实现它的人，心中自然装着愿景。

曼努埃拉·赫兹利奇若有所思地请求：“这我理解。但是你能给我们一个建议吗？如何让每个员工心里都装着公司的愿景？”

“事实上这无法一蹴而就，”萨宾娜·玛提思承认，“用头脑去理解一个愿景很快。但是如果让你的员工在情感上也理解愿景，就需要更多东西。那各位必须回答出两个重要问题。”

五个人期待地看着她。她站起来，在白板上写下：

你的公司为把世界变得更美好做出了什么贡献？

她的听众愕然地看看彼此。英格·萨尔姆先发表看法：“这可是个困难的问题。你所在的钢铁有限公司要如何回答这一问题？”

萨宾娜·玛提思的眼睛闪烁着激情的光芒。“没有钢铁一切都行不通。房子盖不起来。没有汽车、飞机——无法制造机器了。你想象一下，没有了钢铁，那就不会有进步了。我们使人类活得有价值而舒适成为可能。”

“啊，”埃伯哈德·韦尔里奇脱口赞叹道，“确实如此。可以感觉到，你用心了。你把世界变成了一个更美好的地方。”

“这适用每一家公司吗？每家公司都能够积极正面地回答这个问题吗？”英格·萨尔姆问。

女经理回答说：“只有少数行业无法为自己感到自豪。对于大多数行业都适用——人们只要思考一下，这里的重点是对于产品和工作的理解，然后就可以知道，几乎没有事情是无意义的。”

这时，路易斯·伯格来到格鲁伯领导团队旁边说：“作为领导者，回答这个问题是你们的任务。请为你的员工提供论据，为什么你的公司令世界更美好。然后你要帮助员工回答关键的第二个问题。”

萨宾娜·玛提思在白板上写道：

如何将我的工作纳入这伟大的蓝图之中？

路易斯·伯格继续说道：“如果你的员工理解了为什么世界通过你的公司变成一个更美好的地方，他们就能够决定，自己要不要认同这件事。如果他们有意识地决定认同它，那他们就会为自己的公司感到自豪。当他们明白，为了让世界通过公司变成更美好的地方，自己个人的工作有多么重要，那他们就会培养出对自己的自豪感。”

英格·萨尔姆点出重点：“一家公司的目标就是创造利润。为此每一位员工都必须做出自己的贡献。但是如果他们理解，首先世界通过他们的公司变成一个更美好的地方，其次他们自己的部分对此是多么重要，那对于所有人来说，要实现目标就简单多了。那些理解了上述两件事的人，把自己公司的愿景装在了心里。”

萨宾娜·玛提思表示肯定地点了点头：“你总结得非常出色。那些背负着公司愿景的人，已成为公司的一部分。这样的员工就不用再激励他了。”

阿尔弗雷德·斯派特补充说："我不确定是否合适，不过我想到了爱丽丝梦游仙境的故事。猫问爱丽丝：'你去哪儿？'爱丽丝回答：'不知道！'对此猫说道：'那你走哪条路就无所谓了！'这对我来说意味着——每个员工必须了解自己公司的愿景和目标，否则他无法找到自己的道路。"

女经理认为这个例子非常合适。然后她开始讲下一点："刚刚我们谈到了激励——这只能通过言语或行动来实现。大家怎么认为，什么是更富有成效的呢？赫兹利奇女士之前已经点出了重点——我们推动发展优势。这件事我们不是偶然地、零零散散地去做，而是系统地去做。我们一直推进，在我们所做的一切事上都推进优势的部分，这是路易斯在第一项任务中教给我们的。因此每个人都可以达到第四个阶段——高能力并且具有强烈责任心地工作，成为一个自主行动的员工。这很令人鼓舞。"

"但这还不是全部——同时我们实现了公司目标——我们的第二项任务。如刚才所说，目标激励我们的员工去做一个出色公司的一部分。这样我就可以去继续完成其他三项任务了。结论就是：我们认为，激励是由全部五项任务而产生的。"

她看了看路易斯·伯格。他支持地点点头，说道："许多流行语和模型在管理书籍中一闪而过，它们常常是些语言的空壳。成千上万的经理人试图去实施没有意义、不切实际的空洞理论。这样他们就耽误了真正重要的事情——完成这五项任务。现在他们有了一套完整的系统，成果将令他们兴奋。"

萨宾娜·玛提思打断他的话："太令人兴奋了。开始我们只是想拯救我们的公司，但后来利润猛增。我相信各位肯定还有其他问题。但今天是星期三，现在快到15：00了。这一直是我个人的预约会谈时间。我不能让员工等待——他们有权准时得到回复。各位可能不知道这么做会带来多大的激励。我会请卢斯蒂格先生来见各位。他是我的副手，他有能力回答大家的问题。"

然后她与大家告别，走出了房间。

第 7 章　系统的价值

不多会儿，卢斯蒂格先生来了。大家看着这位曾经的职业运动员——他身高至少有两米，一个真正的巨人，显然，他仍然保持着很好的训练状态，看起来能量满满，活力四射。他看到路易斯·伯格，便热情地拥抱了一下。这么多人如此尊重和喜爱这位坐在轮椅上的人，真是令人惊讶。

路易斯·伯格来到格鲁伯股份公司的董事会成员旁，说："各位极其幸运，没有人比曼弗雷德·卢斯蒂格能更好地回答大家的第二个问题了。"卢斯蒂格先生的行事风格就是开门见山，他问："我可以为各位回答什么问题？"

阿尔弗雷德·斯派特先是仔细打量了他一番，接着说道："论文中着重强调了系统的重要性，我们想问：人不会被系统变成机器人吗？"

卢斯蒂格先生笑声爽朗："我曾经是位职业排球选手，而且打得还不错。我们的比赛依赖系统。尽管如此，当发生一些不可预见的事情时，我们必须灵活应对。没有系统的人，活在一团混乱中，但是有了系统，人也必须保持灵活。不管怎样，这里有一个重要的区别——我们谈论的是系统，而不是规则。呆板的规则会制造出机器人。”

“我不太理解这个区别。”韦尔里奇先生深究下去。

曼弗雷德•卢斯蒂格解释说：“原则上讲，规则是为了要遵守它而存在的。系统是为了要达成某些结果而存在的。要达成的结果是目标，系统是通往目标的途径。”他停顿了一下又补充道，“系统为结果搭建的是地板，而不是天花板。”

“我可以提一个不在纸上的问题吗？”曼努埃拉•赫兹利奇忍不住发问。不等对方回答，她继续说道，“我们一直听到系统有多么重要。其中很多内容我也理解了：只有系统才能为人们所复制，系统可以将一个想法导向成功，系统是独立存在的，不取决于人，每个人都能理解系统，等等。但是不知怎么，我有种感觉，要让我完全理解还少了点儿至关重要的东西。”

曼弗雷德•卢斯蒂格激动地跳起脚：“我要谢谢你的这个问题，这是我最喜欢的主题。准确地理解系统的含义，事实上非常重要。我想从另外一个角度来给大家解释。提一个问题：你认为信任的决定性前提是什么？”

埃伯哈德•韦尔里奇答道：“这很清楚——有一份出色的业绩。”

“我不确定，”阿尔弗雷德•斯派特反驳，“只有一再达成好的业绩才能造就信任。仅仅有业绩是不够的，必须是持续的业绩。”

曼弗雷德•卢斯蒂格表示认同地拍了拍斯派特先生的肩膀，后者的脸立刻涨成紫红色。卢斯蒂格先生担心地望着他，曼努埃拉·赫兹利奇马上解释说："他开心的时候看起来总是这样子。"

"好吧，"曼弗雷德·卢斯蒂格说道，不过脸上还是一副疑虑的表情，"不过答案仍是极具价值的，堪比奥运金牌。他说的是至关重要的关键语——信任的前提是持续。大家永远不要让他人失望，无论是你的客户，还是你的员工。客户期待着你做出持续性的业绩，员工则想要看到自己的期待获得持续的满足。"

"我认为这是对的。"埃伯哈德·韦尔里奇说，"如大家看到的，我喜欢吃东西。我们附近有五家餐馆，最近一阵子我只会去光顾其中的三家。原因是——这三家餐馆饭菜的质量虽然不能得到最高分，只能够个中等水平，但是他们一直都保持这个水准。另外的两家餐馆哪天吃起来什么味道，就要碰运气了。我对这种惊喜或者惊吓没有兴趣。"

曼弗雷德·卢斯蒂格伸开双臂做呼喊状："现在到了决定一切的时刻。"他在白板上写下：

持续地造就信任。

然后他继续说道："与孩子相处是这样，与伴侣、客户和员工相处同样如此。如果持续性如此重要，那我们必须考虑，自己如何能够保证这样的持续性。各位已经预知到了答案，对吗？"

曼努埃拉·赫兹利奇拍了一下脑门儿："当然。要做到持续，我们需要一个系统。”

曼弗雷德·卢斯蒂格郑重强调：

“只有良好的系统才能让我们持续地创造最低限度的绩效成为可能。”

然后他阐述了一下自己的想法：“可以毫不夸张地说——首笔销售是营销的成绩，后续销售是系统的成绩。只有当一位顾客信任各位可以规律地做出某种成绩的时候，他才会再次购买。”

此时埃伯哈德·韦尔里奇插话进来：“我用自己的话表述一下。只有当我们拥有富有成效的系统时，我们的客户和员工才会长期信任我们。因为只有系统可以提供一个最低限度的持续性。而没有持续性，信任就不复存在。这又意味着，我们不能与任何不愿意运用我们系统工作的人一起合作。否则我们可能无法保障持续性，从而承担失去信任的风险。”

路易斯·伯格与曼弗雷德·卢斯蒂格点了点头。然后那位两米高的巨人说：“前阵子我从路易斯那儿收到一张小卡片。卡片上简要总结了系统的价值，大家请看。”（如图 7-1）

当所有人都读过这张卡片之后，英格·萨尔姆发言：“这个概要很有帮助。不过，作为营销专家，我总在寻找一句口号。有一个好口号才能显示我完全理解了某件事情。大家认为‘简单领导造就信任’这句口号怎么样？”大家都觉得这句口号恰如其分，纷纷向她表示祝贺。

系统的价值

规划

↓

简化

↓

系统 +1% = 持续进步

↓

保障了持续的基本最低水平成绩

↓

信任

↓

利润

图 7–1

曼努埃拉·赫兹利奇热情地感谢了这位前排球运动员。而其他人也同样第一次真正明白——系统造就信任。只有通过系统，才能够持续地完成那重要的最低限度的绩效。

曼弗雷德·卢斯蒂格这时反问大家："各位一开始时问我，系统会不会把人变成机器人。现在大家看到了，没有向外的系统就无法赢得信任。但是向内又是如何表现的呢？你怎么看——为什么你们也应该运用一套系统来督促员工？"

英格·萨尔姆猜测说："因为不这么做，我们的员工就无法对我们领导者产生信任吗？"

“完全正确，”巨人称赞道，“又是一个关键点。没有一套系统，你无法持续地督促员工进步。然而只有持续性才能造就信任。每一位员工都在问：‘我的领导真的想提拔我吗？’个别的行动无法说服他们。为了要培养出信任，就需要一套能持续促进每一位员工进步的系统。”

埃伯哈德·韦尔里奇若有所思地说：“关于第一篇论文我思考了很久。我的疑问是——如果我想促进员工进步，就必须要求他们吗？我不会对自己的员工要求过高吗？”

“另外一个可能呢？”曼弗雷德·卢斯蒂格反问道，“不要求意味着要求过低。如果对员工要求过低，会让他不快乐，会使他受到打击。这会令员工失去自信，传达给他一种感觉——‘你不值这些钱，你在窃取公司的钱！’没有什么能比白拿钱不干活儿更让人丧失积极性的了。”

“说得很残酷。”这位仓储部经理脱口道。

“确实如此！”巨人回答他，“我还没有完全回答你的疑问。不过刚才我已经说过：你的员工有不被过低要求的权利。”

“对的，这一点已经非常清楚了……”仓储部经理微笑着确认。

“第二部分也同样重要，”巨人继续说，“你也不可以过度要求他们。对员工要求过高，会制造压力，令员工真正生病。”

英格·萨尔姆长叹一声：“现在难办了。我如何找到正确的尺度？如果我要求过低，就会摧毁他们的自信；如果我要求过高，员工就紧张恐惧。”

曼弗雷德·卢斯蒂格答道：“正因为存在这两种危险，你需要一个系统。如果你认为自己可以凭感觉来决定，就会不断地过低或者过高地要求别人。”

英格•萨尔姆仍然带有疑惑地询问：“那第一篇论文中的系统就能解决这个问题吗？”

“毫无疑问！”曼弗雷德•卢斯蒂格对此十分确信，他的声音透露着坚定，“让我们来回忆一下，大家要确定你的员工处于四个阶段中的哪一个，要通过评估员工的能力和责任心来做到。根据员工身处的阶段，你分配给他较轻松的或责任比较大的任务。”

巨人看到大家正在思索他的话，就走到白板前，几笔画下一张图表。（见图7–2）

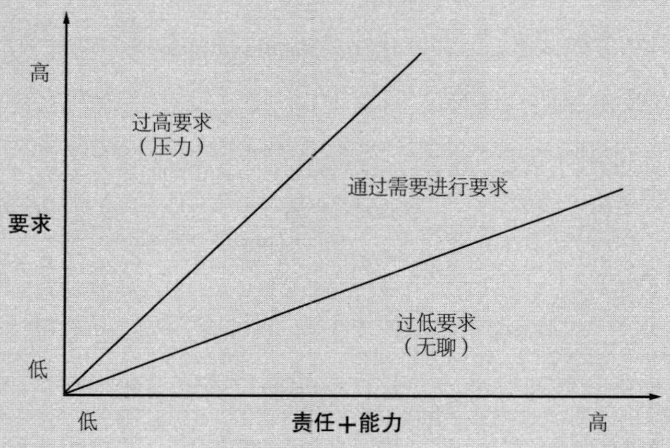

图7–2

五位听众审视着图表。埃伯哈德·韦尔里奇清了清喉咙说:“我可以提一个建议吗？”

“当然了。”曼弗雷德·卢斯蒂格答道。

“如果把四个阶段结合进这张图表，对我会有所帮助。大概这样……”他走到白板那儿，补充画上。（见图 7–3）

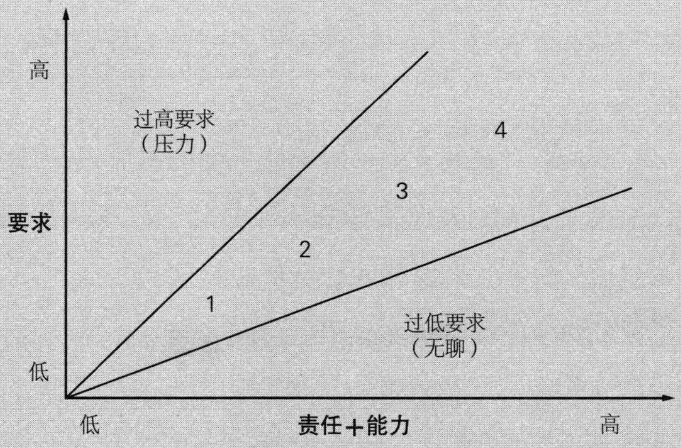

图 7–3

曼弗雷德·卢斯蒂格笑了。“没错！”他兴奋地喊出来，“假如你发现经常过低地要求你的员工了，那这个人或许已经够格进入下一阶段了。如果相反，你常常过高地要求了员工，那他可能还不够成熟去完成自己的任务……”

埃伯哈德·韦尔里奇明显对受到表扬感到开心。他总结道：

领导者必须持续地对员工的责任心和能力进行评估，然后分配相称的任务。这样就可以避免长期过高或者过低地要求员工。

英格•萨尔姆轻松地叹了口气："这几句里面有一个词消除了我的压力……"

曼努埃拉•赫兹利奇接过她的话："我也是一样，就是'长期'。"

"对，没错，"英格•萨尔姆确认了她的说法，"因此我可以说，短期过低和过高地要求根本不是什么坏事。甚至这可能无可避免。只有长期这样才会有负面效果。"

曼弗雷德•卢斯蒂格补充说："你已经明白了。这甚至还可以进一步引申——假如你仔细观察自己的员工，那么过低地要求和过高地要求对你会是重要的信号，去思考如何确立任务。"

这时埃伯哈德•韦尔里奇发言了："想要督促他人的人，也得常常去检查。"

"……所以你需要一个系统。现在各位看到了，这五项任务是如何互相关联的。简单领导的内涵很丰富。"路易斯•伯格将他的思路补充完整。

第 8 章　何时开始，如何开始

过了一会儿，格鲁伯股份公司的管理团队又想起了他们的第三个问题，也是最后一个问题。阿尔弗雷德•斯派特提问："我们还不知道该什么时候开始。我们想，我们需要很长时间才能掌握这个系统，尤其是当持续性如此重要的时候。"

曼弗雷德•卢斯蒂格回答说："你们知道我曾经如何准备自己的第一场国际比赛吗？完全没准备。我接到国家队教练的电话，他说：'卢斯蒂格先生，明天你上场打球。请你立刻来国家队基地。'我当然很高兴。不过我希望能再准备几个月。我把顾虑告诉了我的教练。他告诉我一句话：'有些事情我们要做了才能会，那我们就边做边学。'"

五个人意味深长地相互看着，他们还记得，路易斯•伯格也曾经引用过这句话。他们渐渐意识到，亚里士多德的这句话多么重要。

曼弗雷德•卢斯蒂格继续说："我的教练还跟我说了另一句话——我想它是博尔特•施海伯说的：'知道必须做什么而不去做，就是怯懦。'带着这两句话我就去了国际比赛。我什么都会了——有技术、有系统。但是我还在犹豫。为什么？因为这是人性。我们倾向于完美主义而犹豫，而不是简单地带着缺陷开始。立即开始比大家现在想的也许要容易。因为各位有重要的盟友——你的员工。”

“我的员工？”戈特弗里德·祖克脱口而出，“我还从来没把他们看作盟友。”

“这显而易见。”英格·萨尔姆话中带刺儿地插了一句。

曼弗雷德·卢斯蒂格不受影响，他继续说：“请告诉你的员工，你想要帮助他们——用一个新的系统。你是为了员工而引入了这套系统，不会让他们受到损失。请你向员工解释这套系统。给他们论文去阅读，请你真正地把文章送到每个人手中！”

“这不会带来危险吗？”戈特弗里德·祖克问道。他看起来有一点儿被说服的样子。

巨人回答：“只有当你不诚实的时候，才会有危险。请不要在员工面前演戏，你要以诚相待。假如你害怕会犯错，那就如实告诉员工，请他们包容与协助。”

英格·萨尔姆傲慢地微笑着：“这对你将是个转变，不是吗？”

戈特弗里德·祖克无视她的嘲讽：“这对我来说不容易做到，不过我愿意尝试。你知道为什么吗？”

其他人惊讶地看向他。他解释说：“因为老大当年总是对我以诚相待。一直都是——我喜欢他这样。我相信，我的员工也值得被如此对待。”所有人都认同地点头。如果连戈特弗里德·祖克都能被简单领导系统的优点说服，那它应该确实有效。

曼弗雷德·卢斯蒂格停顿了一会儿，说：

好的开始是成功的一半。

过了几秒钟，他继续说道："但这只是答案的一部分。还缺少一个重要的成分，那就是——1%。"

"1%？"听众几乎同时发问，只有埃伯哈德·韦尔里奇记得："是的，这在小卡片上有——系统加上1%等于持续的进步。"

"完全正确！我是不是已经说过，系统为我们的最终成果搭建的是地板，而不是天花板？"这位曾经的顶尖运动员大声喊了出来，"大家明白我要说什么吗？"

五个人看起来被说中了。他们当时没有理解这句话，不过没有继续深究。曼弗雷德·卢斯蒂格看到大家无助的眼神，解释道："系统为获得持续的绩效搭建了地板。这并不意味着，各位就不用持续努力提高绩效。谁给予客户的少于自己的承诺，谁就是在欺骗客户。大家必须提供你承诺的最低限度的绩效，而且永远如此。这只是一家公司成功的基本。系统和愿景是上不封顶的，这些都必须持续改进，无论已经有多好。"

他的听众在思考这些话的含义。英格·萨尔姆问道："可以这么表述吗——即便是一个最佳的系统，也只有在它不断学习进步的时候才是完善的？"

路易斯·伯格答道："我想我们有了一位新的系统专家了。

你的表述很准确。”

> 即使是最好的系统，也只有在学习使用它的员工不断改进它时才是完整的。

戈特弗里德·祖克问：“但为何只有1%？这几乎可以忽略不计。还有这跟我们应该什么时候开始有什么关系？”

“这很容易理解。”曼弗雷德·卢斯蒂格微笑着说，“一旦你想让目标始终如一，就必须持续地进步。不过你无须恐惧做不到这一点，因为1%就够了，每个月只要进步1%，每个任务只要进步1%。”

总会计师戈特弗里德·祖克飞快地计算了一下：“啊，怎么会少呢——五项任务乘以五是一个月5%，乘以12个月——仅仅一年就有60%的进步。现在我明白了，实际上这多得难以置信。真令人兴奋。”

“我能更清楚地看到其中的关联了。”英格·萨尔姆又插进来，“最好的系统，也永远不可能完美。等待系统完美是没有意义的。虽然肯定会犯错误，我们最好还是立刻开始。”

戈特弗里德·祖克继续说：“这1%会一直提醒我们保持灵活性，不断地改进。正如您说的：‘系统是上不封顶的。’”

曼弗雷德·卢斯蒂格看向路易斯·伯格：“毫不奇怪，你与这些领导者一同工作有多愉快！”

五个人很明显对于这个肯定感到开心。

路易斯·伯格补充道：“在这1%之中蕴藏着魔法，它会超越公司的愿景和伟大思路。这1%可以保证公司的伟大思路一直是个伟大的思路——因为它变得更大了。”

曼弗雷德·卢斯蒂格说：“顶尖运动员、愿景、系统、领导者……这一切有一个共同点——他们要么成长，要么变弱。‘1%’可以一直提醒我们——只有当我们进行训练时，一个系统才会是好的系统。”

大家满意地与曼弗雷德·卢斯蒂格告别。格鲁伯股份公司的领导者看到了，路易斯·伯格为他们做得比自己最初设想的还要多。他不仅帮助他们发现了简单领导系统，还对他们进行了训练。在还没有直接注意到时，他们就已经在训练当中了。大家很感谢路易斯，因为他们知道：

没有训练，即使是最好的系统也是无效的。

路易斯·伯格神秘地笑了笑。有时候，大家觉得他就像能够猜出大家的想法一样。他说道：“我想，如果已经理解训练有多么重要，你就可以学习后面的论文了，关于辅助工具。这些辅助工具对于领导者来说，就像技术工人手中的工具一样——它们能帮助我们完成任务。越多练习运用它们，对我们的帮助就会越大。各位还能想到其他的优点吗？”

曼努埃拉·赫兹利奇发言说：“有了辅助工具才可能有效工作。伐木工人没有锯子无从下手。领导者的工具也是如此。它们具有杠杆作用，而且经济，有助于节省时间。”

路易斯·伯格点点头：“没有锯子的伐木工人的比喻我很

喜欢。”他又接着说，“这不只是五篇论文——它们内涵丰富。它们是你作为领导者所能得到的最棒的工具。你不需要任何其他工具来完成你的领导任务。我决定将这五篇论文放到各位的办公桌上，并且建议我们两周后在例行时间再碰面。”

路易斯·伯格驾着轮椅驶向门口。他在那儿稍停了一下，微笑着说：“啊，还有件事，也许想想我要写的书……大家已经知道的……若能写一篇总结将对我有所帮助。”

第9章　五种辅助工具

路易斯·伯格准时进入会议室，格鲁伯股份公司的董事会成员已经在热烈讨论，以至于他们几乎没有注意到他。他们显然在领导者在今日是否还是一项恰当的手段，以及如何评估操纵风险的问题上存在分歧。他们注意到他时，尴尬地沉默了下来，但坐在轮椅上的男人理解地微笑着说：“早上好。刚才出现了两个我也思考了很久的关键词。我想，这方面我可以给各位几个思路上的启示。”

曼努埃拉·赫兹利奇松了口气：“吓我一跳。我以为你或许会认为我们永远成不了好的领导者。”

“我就是为了大家向我提问而来的呀，”路易斯·伯格答道，“我真的很期待我们的谈话。除了大家谈到的两个关键点之外，我还有几件事情也想与各位聊聊。不过，让我们首先来谈谈各位是如何理解那五篇关于辅助工具的论文的。大家已经写了总结，是吗？”

斯派特先生骄傲地说：“因为我们知道检查有多么重要，当然已经做好了准备。稿子已经放在你的桌子上了。”

第一种辅助工具：赞扬

领导者应该找到表扬员工的理由，因为没有什么比表扬更能激励员工了。他们应该尽量运用系统，阅读每一份书面报告，去发现是否有什么可以称赞的。运用系统可以保证他们对员工最低限度的赞扬。

赞扬绝不可以不准确，否则听起来就像廉价的恭维。一个领导者应该练习四步称赞法。他首先应该说自己喜欢的是什么，其次说明在哪里、什么时候这件事令他喜欢，再次举出理由，为什么这件事让他喜欢，最后为此而提出要求，应保持相应的做法并且发扬光大。

第二种辅助工具：重新分配

如果一项工作没有圆满完成，领导者在批评之前应该考虑重新分配。他可以自己承担责任，因为他没有清楚地表达自己，或者他可以给员工一个新的任务。这两种情况都创造了一个新的表扬机会。

在一对一的会谈中，领导者应该不使用情绪来描述不满意的结果和消极的后果。接下来，他应该从两种重新定位的方法中选择一种，并将结果写入一份清晰的书面报告。

然而，如果员工表现出低的参与度，那重新分配就没有什么意义。

第三种辅助工具：批评

领导者应该尽可能减少批评，但如果确实需要批评，领导者需要为此做一些准备，将他认为的员工身上的闪光点写下来。

作为领导者，批评员工的时候永远要做到对事不对人。他可以不允许对方找借口，也不做讨论。当领导者说出自己的情绪时，就能够做到这一点——因为对于批评者的感觉，被批评者无法进行讨论。在批评谈话中，领导者应该清楚地举出那些自己认为是负面的事实，并且表达自己对此的感觉。在这中间，领导者应该给被批评者一个机会，让他谈谈自己所犯的错误。然后，领导者应该将谈话的焦点与未来联系起来，问："你将来会做什么不同的事情？"因为未来是关于结果的而不是谴责。如此，领导者就把谈话又带到了一个积极的层面。

第四种辅助工具：结果导向的任务描述

一个结果导向的任务描述首先确定的是，在一个任务范围内应该达成哪些可衡量的结果。这样一来才能真正把任务搞清楚。在结果导向的任务描述的协助下，领导者可以更轻松地找到适合的员工，更明确地检查工作。

员工必须清楚自己的任务以及期待的结果——领导者最好能让员工把布置的任务和约定的目标用自己的话重复一遍。员工还必须清楚自己能够做到期望的成绩。从这一个时刻起，领导者就可以将实际的结果与结果导向的任务描述进行对比。

第五种辅助工具：预算计划

所有的目标和预算都应该用财务术语制定，并记录在预算计划中。使用这个工具，领导者可以设定有效目标，监控他们的执行情况，培训员工并与他们进行明确的沟通。

领导者应该为每一个战略部门确定一位负责的员工，由他去制订一份预算计划并且不断完善，直到预算计划变得精准。然后这位员工也要为计划的实施负责。领导者能够对正面和负面的偏差做出反应，因为他会定期获得一份写有应有状态与实际状态比较的书面报告。

路易斯•伯格把稿子放到一边，表示肯定地说："祝贺各位，大家又一次精准地找到了重点，并且简单明了地表述了出来，非常不错。"

他的学生显然因获得表扬而开心。停了一小会儿，他接着说："这对我的书很有帮助，是一个很出色的总结。当然，我也给各位带来了五张卡片，上面有详细的摘要。"他把卡片分给大家，"这五种工具对你们来说和工匠的工具一样重要。你们还记得优点吗？"

没错，格鲁伯团队还清楚地记得这几点：

1. 这些辅助工具非常出色，它们让高效率的工作成为可能。

2. 工具是杠杆，能经济又高效地完成领导任务。

3. 越经常使用这些辅助工具，领导成效越卓越。

大家点头，坐在轮椅上的人继续说："现在，我有一个问题要问大家。怎样才能最好地运用这五种辅助工具呢？"

英格•萨尔姆立刻回答："我不知道自己是否找到了最好的方法。但我认为这个方法效果不错，我为这些工具写了一份应做事项计划，与您刚才发给我们的卡片类似。在每次与员工谈话之前我都考虑了，自己能够使用哪种辅助工具。"

路易斯•伯格点头并鼓励她继续说下去。这位营销经理便继续说："然后我在谈话前阅读相应的卡片。谈话后我再次翻阅它，检查自己把应做事项计划落实了多少。用这种方式我已经把谈话指南掌握得非常好了，尽管才用它工作了两周。"

"这是一个很好的学习方法，"伯格先生认为，"没有更好的方法了。我们要牢记：

在每次与员工谈话前都要阅读相关的辅助工具卡片。如此，就能花很少的时间学会使用它们。"

停了一会儿，他问道："我还能再问问题吗？"得到大家同意，他问道，"关于这些论文和迄今为止我们彼此谈论过的这些内容，各位已经让哪些人知道了？”

埃伯哈德・韦尔里奇答道：“我们决定，各人在他的部门里照自己认为正确的方式去告知其他人。起初我们觉得不太确定，因为我们自己还不了解全部的系统。但是等到曼弗雷德・卢斯蒂格，那位前排球运动员讲过那些之后，大家就立即行动了。我们不想当弱者，并且了解到在实践中学习怎么领导是最好的方式。”

路易斯・伯格认同地点点头，英格・萨尔姆接下来报告了她自己的个人经验：“我先是信守承诺，当你读出那封信时我做的承诺——立刻告诉两个人。我对他们读出了那封信，把论文也交给了他们。那时我完全忘记了，这两个人同样会告知其他两个人。不等我做好准备，整个部门都在谈论简单领导了。”

“是的，不过为什么，”路易斯・伯格小心地提问，“你允许所有人都了解系统的事情了吗？那些没有下属的人知道它做什么？这可是关于领导系统的问题。”

大家笑了起来，他们听懂了他的意思。埃伯哈德・韦尔里奇回答道：“我们知道你在这个问题上的态度。每个人都必须领导，当他想要达成什么事或者说服某人时，先是私人领域，对家人，对朋友，随时随地；然后是在公司，即便他没有下属。他必须领导同事、其他部门的员工、他的上司……简单说，领导每个人。”

“我发现了一些重要的东西，”曼努埃拉・赫兹利奇补充道，“如果我想要用这套系统领导人们，那么假如我事先向他们解释这套系统，就会简单一些。这样，他们就知道将会发生什么。如此可以建立信任，后期必须解释的事情也会少很多。”

路易斯•伯格做出一副被他们识破自己提了一个陷阱问题的样子。显然他很享受与这些人一同工作。事实上，最大的惊喜还在等着他——在座所有人不仅在自己的部门里探讨过了简单领导系统，还已经运用系统进行工作了。

坐在轮椅上的人满怀兴奋地说：“我越来越能理解，为什么我的朋友哈拉尔德如此看重各位。他多次对我解释说：‘这些人如同我的生命。’你知道，哈拉尔德•格鲁伯不会随便这样讲。”

他的学员感动地低下头。他们想念老大。他们已经知道，很多时候自己仅仅是在为了他工作而已，希望永远不让他失望。

路易斯•伯格停顿一下，询问道：“现在我非常好奇，各位具体都做了什么呢？”

曼努埃拉•赫兹利奇先开始：“现在我知道——每个人都有权利获得描述清楚的任务，他必须知道，自己被期待做出哪些具体的成果。因为我是人力资源部经理，我立即为每一位员工制定了一份结果导向的任务描述。”

坐在轮椅上的人惊讶地看着她：“你如何能够这么快就完成这件事？”

她笑着回答：“通过把猴子分配下去！我请每位员工将自己的任务与应该做出的结果总结成一页纸。然后员工与他们的部门主管一同讨论这份暂定版的结果导向的任务描述。最终我把修订过的总结收集起来。”

“衷心祝贺你。”路易斯•伯格很开心，“努力工作并不意味着你必须独自工作。你记得自己的第四项任务，聪明地分配了任务。”

戈特弗里德•祖克爆料说：“她买了一只大猴子放在写字台上，一只穿粉红色短裤的猴子……”

大家忍俊不禁。曼努埃拉•赫兹利奇说道：“猴子价值千金。从前我一天大约工作 12 小时。我的错误就在于自己把其他员工的工作拿来做。某种程度上，是我扛了他们的猴子。现在我会把注意力集中在自己的任务上，把许多工作分配下去。每个人现在都背起自己的猴子。我办公桌上的猴子提醒着我每一位领导者的这项重要任务。自从猴子坐在桌上，我一天就只工作八九个小时了……”

“如果是我，我会给猴子穿上一件套头衫。”戈特弗里德•祖克挤眉弄眼地说。

英格•萨尔姆佯装生气地喊叫：“嘿，只有一个人可以拿你的套头衫开玩笑，那个人就是我！”

路易斯•伯格十分确信，气氛已经发生了怎样的变化。他强调说：

> 领导者永远不要认为自己需要独自为领导工作负责。

戈特弗里德•祖克接着说：“斯派特和我让企业各部门的

负责人制订了一份预算计划。不过这并不是那么简单。很多计划都得重新写个三四遍。”

路易斯•伯格点头道：“第一次认真制订这种计划的时候，这种情况是完全正常的。有了第一次的经验，下一次大家就会觉得容易些了。不过你们从中获得了哪些知识呢？”

戈特弗里德•祖克答道：“我完全不理解，我们怎么能够那么久没有这么做。负责的员工第一次明白，他们的职责到底是什么，还有重点是他们负责要做出什么样的结果。”

阿尔弗雷德•斯派特补充说：“我已经在期待第一次的检查了。首先，我现在会自动收到检查结果，因为已经约定清楚每个人什么时候做出书面报告。其次，现在要做工作应有状态与实际状态比较就变得容易了。”

“而且也不会有争论了，”戈特弗里德•祖克说，“因为现在每个人都明确地知道自己要负责做出哪些结果。他也知道整个公司都相信他可以达到自己的目标。”

大家又继续聊了几个小时。有几位已经在员工中引入了第一项任务的四阶段模型，对能力和责任心做出长期评价。

阿尔弗雷德•斯派特加强了对系统的检查。有的部分他认为太过复杂。在财务方面他已经请人去开发一套新软件，还开始与曼努埃拉•赫兹利奇一起编写一本有关最重要系统的手册。

埃伯哈德•韦尔里奇在获得其他人的同意后，发起了一次企业大会，在会上向全体职工讲解了公司目标，然后巧妙地过渡到简单领导系统上。公司的每个人都喜欢他，敬重他，因而员工认为简单领导系统对格鲁伯股份公司将是一个巨大的契机。

路易斯·伯格带着浓厚的兴趣聆听他们的报告。然后，他又给了大家一张卡片："在这份概要上大家可以看到全部五项任务，它们是按照其逻辑顺序进行分类的。辅助工具被归类到这些任务之下，按照各自主要运用的领域划分。"（见表 9–1）

表 9–1 职责与辅助工具

促进他人进步：	全部辅助工具
实现公司目标：	第五种辅助工具
创建系统：	第四和第五种辅助工具
分配任务：	全部辅助工具
检查：	全部辅助工具

注：1. 赞扬。2. 重新分配。3. 批评。4. 结果导向的任务描述。5. 预算计划。

大家都觉得这张卡片是一份很有用的概要。

路易斯·伯格提议稍事休息。下午他们要去看一家文本艺术与设计公司，去搞明白之前那两个讨论要点。大家都期待认识一家新的按照简单领导系统运作的公司。

第 10 章　操控还是影响

文本艺术与设计是一家广告公司，由克尔斯汀·莱克特领导。这位女领导亲自站在入口处热情接待来访者。首先，她拥抱了路易斯·伯格，五名格鲁伯股份公司的员工再次看到了他与他培训的领导者之间的良好关系。

克尔斯汀·莱克特带他们参观了公司内部。六十位员工全部安置在一处大的开放空间内。一些区域布置得很好，而另一些区域则显得很混乱。

“这就是我们创意部门的样子。”克尔斯汀·莱克特在看到大家询问的目光时解释道，“我们都在一个大房间里工作，这样我们就可以开发、测试和实施我们共同的想法。它就像一个生产工厂，但我们不生产任何零件，只是广告策略。宽敞让每个人都能清楚地看到整个环境。”

她带领参观者来到开放空间中央的一张椭圆大桌前。桌子的一端放着一台电脑。“我们靠好的想法与创意为生。因而把这张桌子放在房间中央。如果文本创作者与做图者无法进行下去了，他们就会找几个愿意对相关主题做一点儿贡献的同事，一起坐在这里，然后共同来个头脑风暴。从前，当一个人陷入瓶颈时，会感觉沮丧。自从我们有了这张圆桌，大家都很期待能有机会彼此支持。”

“一个有趣的系统。”阿尔弗雷德•斯派特沉思着，“行之有效的系统是可以非常不同的。”

“只要这个系统适合公司就行。”女领导确认了他的想法，“几年前我从父亲那里接手了这家公司。在那之前，这家公司是靠着父亲的伟大创意生存的。如今我们必须找到一套系统，让我们没有父亲的帮助也能照常运作。幸运的是，我认识了路易斯•伯格。我们引入了简单领导系统，完全重组了公司的结构。”

这些令格鲁伯股份公司的五位董事印象深刻，他们环视四周，看到了令人欣喜的场景——这里充满宽容的气氛，每个人看上去都从工作中获得了乐趣。

路易斯•伯格开口打断大家的观察：“克尔斯汀，你知道我们为什么来这儿。我想，没有人比你更能解答这些领导者的两个疑问。”

“领导者”，这个词闪过五个人的脑海。他还是第一次称呼他们“领导者”。这感觉真好！

坐在轮椅上的人继续说：“这两个问题是——假如像系统中设计的那样，把称赞员工与另外几种辅助工具紧密联系在一起，不会变成用计谋操控员工吗？以及，现在还是否适合做出一针见血的批评？那样的话，会毁掉太多东西吗？”

克尔斯汀•莱克特清了清嗓子，说道：“操纵是一种常见的指控。一开始，我也有这样的担忧，问自己是否有权力为了公司的利益操纵员工。”

“我想，这说到了重点。”曼努埃拉·赫兹利奇这样认为，“看起来，领导者一定有权力操控别人。不过，我不知道这样做在道德上是否正当。”

克尔斯汀·莱克特继续说：“现在让我们使用一个不同的词，我们说影响。影响和操控之间确实存在着几个重要区别。路易斯·伯格曾经指点过我。首先让我解释一下操控的本质——假如你令某人去做了某些事情，但他自己没觉察到做了什么，也不明白这件事的意义，那就是在操控。这常常就会造成这个人做出与他自身利益相悖的行为，对他有害。而操控别人的人完全是为了自己个人的利益去做的。影响与此相反，是指完全不同的事情——作为领导者必须实现公司目标，促使他人进步。假如不对其他人产生影响，你就无法做到这些。不过你这种影响并不是秘密地行动，而是公开地、令人可以理解地去做——按照一个你事先已经对所有人讲解过的系统去做。”

英格·萨尔姆问：“可以这么说吗，操控的时候，信息是保留的或者作假的，而影响则是其他人知道我在做什么，为什么这样做，并且我事先会征得他们的同意？”

“是的，”克尔斯汀·莱克特答道，“你表述得恰如其分。我考虑这个问题的时候，发现了一件重要的事。操控和影响二者的区别，在于影响我行为的那个人物形象。”

“人物形象？”英格·萨尔姆重复道。

“一位想要影响他人的领导者，”这位女领导解释，“自己心里有某一个人物的形象。这个人物会想：‘每个人身上都有巨大的潜力。我必须促使他们进步——为他们好也为公司好。’而操控者与之相反，心里有着完全不同的人物形象，操控者的人物的想法是：‘他们存在的目的只是为了满足我的需求。他们自己的发展不重要。’影响他人的人会促使他人进步，鼓励他人自律，并且希望他的员工最终能够实现自我控制与成长。而操控者相反，他们要求盲目服从，造成依赖性。”

英格·萨尔姆思索地说：“这话说得很中肯，也正中核心。”

“我希望，”克尔斯汀·莱克特答道，“各位可以经历曾经在我们公司发生的事情，大家展现了什么样的潜力，发展出了哪些特长。一个无法承担起自己责任的经理，是一个懦夫，而非领导者。”

路易斯·伯格解释道：“作为一个坐轮椅的人，我离不开其他人的帮助。我时时都需要他人的帮助。刚开始这令我生厌，我以前已经对各位讲过。住宾馆的时候，我没法一个人卸下行李拿进房间。在餐馆门口，即便只有那么几层台阶，我也必须跟素不相识的人搭话，请求他们帮助我。这在开始时让我觉得难堪。但是之后我得到了一个重要认知。请求帮助是件很平常的事情，这不代表软弱。人需要互相帮助，团结起来力量大。这恰恰就是领导工作的本质——请求协助。

领导工作需要有意识地请求协助。”

这番话令埃伯哈德·韦尔里奇印象深刻，他说："我还从未意识到这一点。当然，没有人比我们在一起更聪明。我也需要帮助。当我请求帮助时，我会影响别人，尽管别人自愿帮助我。这符合我的目标，还有那些帮助过我的人。"

克尔斯汀·莱克特立刻赞同他道："完全正确，这就是领导者必须明白的事情。为了要有助于公司和员工，他要影响他人。"

戈特弗里德·祖克蹙起眉头："现在我完全理解了影响和操控的区别。但是，当我们表扬或者批评某个人的时候，我们能帮助他多少呢？这一点我还需要指点。"

克尔斯汀·莱克特耐心地解释说："是这样，首先当你称赞员工的时候，就直接建立起了他们的自信；而当你批评他人时，会推动他修正自己的行为。二者都是对其发展的重要帮助。各位做这些的最终目标就是将那些有此意愿的员工带入第四阶段。

领导者希望达到的目标是，当他们不在的时候，员工能够做正确的事。"

"但这与赞扬和影响有什么关系呢？"戈特弗里德·祖克有点困惑。

"首先，向你的员工展示你如何表扬他们，"克尔斯汀·莱克特继续说，"然后教他们如何表扬自己。这意味着他们不依赖你的赞美。"

“那我如何衔接到第二步呢？”总会计师继续追问。

“让他们表扬自己，”女领导解释说，“在做出一个好成绩之后你要问他：‘你做得好的是什么？你是怎么做到的？你具体做了什么？你做的时候感觉如何？当完成了这样出色的工作时，有什么样的感觉？’这样的表述或者与之相近的表述你都可以选择。”

现在总会计师理解了，说道：“领导者用这种方式有系统地促进员工走向成熟，而这对大家都好。”

“路易斯·伯格当时给了我一张卡片，清楚概括了刚才所说的，”克尔斯汀·莱克特说道，“给各位看看。”（见图 10–1）

操控	影响
• 对被领导者：毫不顾及	• 对被领导者：看作有潜力者
• 满足自己的需求	• 促使他人进步以及在团队中实现公司目标
• 由他人控制	• 自我约束
• 保留信息	• 提前告知并且取得员工的同意
• 常常建立在欺骗的基础上	• 建立在诚实的基础上
• 最终目标：依赖	• 最终目标：自控

图 10–1

格鲁伯股份公司的团队对克尔斯汀·莱克特表示感谢。现在他们终于明白，他们不应该回避影响别人。施加这样的影响对公司很重要，对员工本身也同样重要。他们也搞清楚了，自己只可以讲出真心的赞美。

短暂的停顿之后，他们想起了自己的第二个问题。戈特弗里德·祖克提问："我经常听说，批评人不再合时宜了。在这方面你显然有完全不同的见解，是吗？"

克尔斯汀·莱克特答道："一定要的。作为领导者，如果你不批评就不能算有成效。这就像是你弹钢琴时只用右半键，是无法正确弹奏乐曲的。你必须奏响那些低音。不过还是有两个限制。"五个人期待的将目光投向这位女士。

总是优先考虑改变路线。当你与孩子或新员工打交道时，这一点尤其有效。

"论文里写，当员工缺乏责任心时，我们不应该改变路线。为什么不应该呢？"英格·萨尔姆问道。

"因为这通常没用。"女领导解释道，"当有人能力不足而没有达成期望的结果时，改变路线可以为你开启又一个机会去表扬这个人。但是当一个人清楚地知道应该做什么却不去做，那就是态度问题。这时改变路线就帮不上忙了。在这种情况下，你必须清楚告知当事人，你无法接受他的行为。"

"也就是说，这是唯一有效的方式了。"英格·萨尔姆说。

"表述得完全准确。"路易斯·伯格开心地说。

“尽管如此，我还是觉得直言不讳的批评很困难。”英格·萨尔姆叹口气说。

克尔斯汀·莱克特回答说：“没有人说过大家应该觉得这件事很简单。谁真正想要求他人做事，所以把个人对和谐的需求放到一边。恰恰因为他很看重自己的员工，就必须对他们严厉。”

“那如果这么做了，这个员工还是不改变自己的行为呢？”萨尔姆女士追问道。

“那就按照这一句来——

当你无法领导一个人时，就必须做切割。

即便这可能是残酷的，”克尔斯汀·莱克特回答，“在一个公司里，每个人都是彼此分派好任务的。假如一位员工不能跟上队伍，并且你对此沉默包容，那整个公司就有可能陷入危险境地。我们只能与志同道合、立下相同目标并且一同为公司愿景努力的人共事。他们必须为自己能与同事一起工作而感到骄傲。那些不想做这些的人，只会给其他人带来阻碍。”

这番话令听者印象深刻。这位浑身散发着爱心气质的沉静女士清楚地知道自己想要什么。

阿尔弗雷德·斯派特举手发言：“你说，批评的运用有着两项限制。第一项是，当能力不足时先做路线的转换。那第二项是什么呢？”

英格·萨尔姆替女领导回答道：“我想我知道。我们必须总是遵守一些规则，以便让批评的谈话具有促进意义。”

路易斯·伯格确认了她的话：“完全正确。这时候大家永远不要忘记最重要的规则——

总是把人和他们的行为分开。

你永远不应该谴责某人。没人有这样做的权力。”

克尔斯汀·莱克特继续说道：“在头脑风暴的时候我们最初只是收集许多点子并记录下来。但是之后，等我们决定了一项策略以后，我们必须注意这项策略在市场上是否行得通。在这个阶段我们会开诚布公地进行圆桌会谈，彼此敞开地交谈，不做任何保留。”

五位来访者试着去想象，这情形具体看起来怎么样。女士继续说：“在寻找点子的时候我们常常是很随意的，有时候完全是天马行空的。这样做可以增强创意。但在实施的时候不允许发生错误，否则就会令成百上千万的资金打水漂儿。每个错误创意都会被立即排除掉。当事关客户的财富时，我们绝不掉以轻心。”

曼努埃拉·赫兹利奇对此印象深刻，说道：“你真是好心又友善。同时当事关重大时，你又能行事严谨。我还有许多方面要向你学习。”

路易斯·伯格证实说：“克尔斯汀有一颗仁慈的心，她全心全意地爱着自己的员工。但是当必要的时候，她可以处事严厉，不过并不会因此对某人进行人身攻击。只有当大家准确按照有效批评性谈话的架构去做，才能够做到这一点。”

格鲁伯股份公司的领导者看到自己的问题已经得到了解答，礼貌地表示了感谢，随后告别离开。

待翌日格鲁伯的领导团队与路易斯·伯格碰面时，后者说道：“各位现在获得一项任务，一项领导者必须完成的任务。就是图中这个脑袋在问的：我必须做什么？另外各位拥有这些辅助工具。就是手的图形，所指的问题是：我可以用什么来做？这时你还缺乏的，是这颗心，它的问题是：我该怎么做，为什么应该做这个？现在我想为大家进一步解释简单领导系统的符号。”他抽出一张小卡片。（见图10-2）

简单领导

图10-2

待大家都看过了卡片之后，路易斯·伯格说：“现在大家会拿到最后五篇论文——就是关于原则的五篇。大家是否还记得，我们为何应该照着原则确立方向，而不是照着那些出色的领导人物？”

阿尔弗雷德·斯派特回答："原则告诉我们应该如何做一件事，个人崇拜想要达到的是，歌颂个性特征，使其为人们所接受。任何人都可以学习成为一个有效的领导者，但是像别人一样几乎是不可能的。个人崇拜，歌颂明星，帮不了员工。"

英格·萨尔姆补充说："歌颂超级明星带来的是挫败与心灰意懒。很多人会告诉自己'我不是这样的人，我做不了领导者'。然后当这位明星离去时，公司就陷入低谷。就和当年老大离开时我们这儿的情况一样。我们的前进方向是他定的。"

戈特弗里德·祖克说："当老大离开以后，我们每个人都尝试过发展出自己个人的风格，结果众所周知。我们的员工没有机会将自己的身份与某件事达成一致。组成小团体、争吵不休、对工作没兴趣就是结果。"

"这样的结果还日益恶化下去。"阿尔弗雷德·斯派特补充道。

路易斯·伯格点点头，继续问道："那为什么我们谈的是原则，而不是价值呢？"

戈特弗里德·祖克微笑说："我们注意到了。价值具有主观的组成部分。而且首先，价值是可以转变的——往往在人们并没有意识到的情况下发生了转变。与之相反，企业的原则是不能更改的。即便公司的某位员工或者是老板离开了，原则也仍然保持不变。"

坐在轮椅上的人又一次点头。然后，他再次考验大家："个性特征与原则在根本上难道不是一回事吗？"

曼努埃拉·赫兹利奇回答道："我非常确信，二者存在巨大的差异。个性特征描述了一个人是怎样的。没有人能够成为另一个人。我们尝试过复制老大的个性。这些尝试都失败了，走进了死胡同。”

阿尔弗雷德•斯派特补充说：“与之相反，几乎每个人都可以学习像领导者一样行动。基本上来说，在管理工作中要做的不是具备某些特征，而是以特定的方式行动。原则告诉我们，应该怎样行动。”

英格•萨尔姆又一次证明了自己在总结方面的天赋，她说：

> 个性特征表明一个人是什么样的。原则是规范人的行为的。一个人的个性无法复制，但是他的行为可以。

路易斯•伯格笑了：“把一个主题理解得这么好，感觉怎么样啊？”

曼努埃拉•赫兹利奇迟疑地说：“挺好的……”

“哦，挺好的，”坐在轮椅上的人打趣她道，“你表扬员工的时候也是这样一笔带过，还是你能够更加热情洋溢地赞美呢？”然后他问，“如果人们遵循原则行事，会有哪些优点呢？”

五个人的悟性都很好，他们很快举出七个优点。

原则：

1. 告诉我们如何完成任务；

2. 订立了公司不会改变的发展方向，给出定位；

3. 形成了公司的核心与道德观；

4. 建立公司文化；

5. 赋予工作意义；

6. 培养对公司和自己的自豪感；

7. 创造身份认同。

路易斯·伯格向后靠去，问道："刚刚的列举完整了吗？"

埃伯哈德·韦尔里奇答道："是的，与你给我们的小卡片上写的完全相符。"

坐在轮椅上的人追问："那么，当知道自己已经可以将这些优点铭记于心时，大家感觉怎么样呢？"

埃伯哈德·韦尔里奇微微一笑道："这说明了我们是多么出类拔萃而热情高涨的领导者。简单来说，我们有高能力而且高度投入，显而易见位于第四层级。"

所有人忍俊不禁。这位仓储部经理直接把那项自我赞许的要求付诸实施了。

接着，路易斯·伯格问道："我们要什么时候再见面？"大家迅速达成一致意见，约定两周后。很明显，他已不再指挥——而是把决定权交给大家。而大家觉得这样很好。

第 11 章　五条原则

当路易斯·伯格在约定的时间出现时，五条原则的总结已经放在他桌上了。热情地问候过后，他阅读了总结。

第一条原则：承担责任

每个人都要对三个基础的态度负责：

第一，为身份认同负责——每个人都必须找到自己在生活中的位置并坚持下去。

第二，为自我激励负责——每个人必须学会设定目标和实现目标。

第三，必须为自己负责——每个人都要为自己在工作中的所作所为负责。

第二条原则：结果导向

领导者知道只有结果才有价值，而不是借口。重要的是在一个特定的使用时间内得到了哪些结果。领导者要引导员工，使员工比重视工作本身更加重视结果，如此员工就可以更快地完成工作，并得到更好的结果。

但是领导者不能对任意的结果心满意足，而是希望达到出色的结果。所以他们不断地自我改进。

第三条原则：集中注意力在优势上

致力于消灭自己缺点的人，顶多达到中等水平。领导者却想要真正优秀的员工。

只有当领导者发挥员工优势的时候，才能获得优秀的员工。只有有了巨大的优势，才能期待与要求员工做出更大的成就。

在此，领导者总要以目标为出发点——他们做出合适的结果导向的任务描述，并且寻找具备相应优势的员工。领导者持续观察并指导员工发挥这些优势，而且需要给出反馈意见。

第四条原则：积极向上的公司氛围

员工在一家公司里是否能取得优异的成绩，很大程度上取决于公司的氛围。为此，全体人员应该就几项重要规则达成一致——不抱怨，不说别人的坏话，总是全力以赴，团结合作，彼此沟通，体谅他人以及在个性特点方面做到宽容。

领导者在这些规则上要以身作则，大家可以从他们的行为中了解规则。在与领导者谈话之后，每个人都感觉更好了——无论从个人的角度、公司的角度，还是从领导者的角度。

第五条原则：建立信任

其他人是否信任领导者，首先取决于这位领导者如何看待世界和他自己。这两者都不是一夕之间就能改变的，不过他可以避免犯某些会摧毁信任的错误，而且可以通过自己的行为培养信任。假如领导者不断进行自我检视，行为前后一致，将成就归功于他人，做足够多的沟通，诚实公正并坦然承认自己的错误，他就能建立信任。

坐在轮椅上的人读过总结，将稿子放回桌上，一言不发。格鲁伯股份公司的五位领导者等待着。但路易斯•伯格毫无反应。这些文字是阿尔弗雷德•斯派特征得其他人同意后写的，他轻咳了一声。不过，坐在轮椅上的人只是盯着窗外。

“我们总结的内容有什么错误吗？”阿尔弗雷德•斯派特问道，“还是我们做错了什么事？”

路易斯•伯格只是耸耸肩，不再看财务总监先生了。后者担心地问：“我是不是有什么地方冒犯了您？”他明显变得更紧张了。

“还是您对我们当初的幼稚行为耿耿于怀？”

突然间，路易斯•伯格的脸部表情发生了变化，冷漠被一副严肃的表情取代：“我想提醒各位两点。第一，工作中，如果你不给出任何反馈的话，会令员工感到困惑。大家注意到了吗，在我不做反应的时候，你们变得多么不安？而且各位本来是相当自信的。那你们想想，假如新员工得不到反馈时感觉会怎样？”

五个人如释重负地点点头。他们下定决心，尤其是对新员工和没有安全感的员工要经常给予他们指导与反馈。

路易斯•伯格继续说：“第二条教导是——鼓励你的员工进行自我表扬。这个看起来又像与第一条教导相悖。各位应该给予员工的表扬，仅限于他们真正需要的那么多。当他们学会了自我表扬之后，就不再需要你的表扬了。我认为你们都可以评估自己的表现。”

五位领导员互相看着对方，他们想起在上一次碰面时已经表扬过自己。

路易斯•伯格解释说：“我的目标是来训练各位，让大家进步，让大家对我产生依赖可不是我的目标——无论是依赖我的监督，还是依赖我的表扬。在大家还无法给予自己某些东西时，我乐于给予你们，但不会给予更多。我们能否达到目标，很大程度上取决于你们自己是否不断提高。”

五位领导者理解了他的话。路易斯•伯格不希望他们重新陷入一种之前已经摆脱的行为方式。

英格·萨尔姆总结道：

促使他人进步意味着，从外部监督导向内部监督，从外界表扬转为自我表扬。

她即刻又补充道："这又一次说到了重点，对吗？我真是天赋异禀。"

路易斯·伯格和其他人大笑起来，大家理解了这堂课。

戈特弗里德·祖克发言："我们有个麻烦……"

"我们没有麻烦。要么你有麻烦，要么我有。但很肯定的是，我们不会有共同的麻烦。"坐在轮椅上的人立即说。

总会计师修正自己的说法："我的意思是，我有一个麻烦。"

"挺好，因为假如没有麻烦了，也就没人需要领导了，雇大家来就是解决麻烦的。"路易斯·伯格又一次打断了他的话，"承担责任也意味着，自己的问题要自己解决。"

总会计师的脸由红变紫，说话开始结巴。坐在轮椅上的人建议道："这并不是第一个我们彼此探讨的问题。请你叙述一下问题吧，接着说说你的解决方案。"

戈特弗里德·祖克解释说："是和第四条原则——积极向上的公司氛围有关的。为我代班的同事在这方面有困难。他说大多数的员工都很懒，自己不得不一直踢他们屁股。所以他拒绝全部接受新系统。"

"好的，"路易斯·伯格说，"那你的解决方案是什么？"

“我没有，什么也想不出来。”总会计师难为情地回答。

“假如你没有解决方案，那么严格说来你也没有问题。”坐在轮椅上的人解释说，“只有当出现了一个情况，这个情况与你希望的或者应有的情况背离了，那时候你才会有问题。你必须明白，希望的或者应该有的是什么。”

戈特弗里德·祖克考虑了一下，然后说：“比较理想的是，假如这位代班的同事尝试一下……比方说他给我们六个月时间，用来证明简单领导系统是有效的。我想我会给他这样的建议。”

路易斯·伯格问道：“其他人怎么看？”所有人都赞同地点点头，伯格继续问：“我也认为这主意挺好。不过你还可以给这个人一点帮助。大家知道，假如我们理解为什么一件事有作用的时候，所有人都会感觉做起来要容易一些。”

他们再次点头。正因为他一直详细地解释原因，大家才学到了这么多。“大家要耐心地做讲解和训练，”伯格现在换了恳求的语气对大家说，“大家知道，公司拿出预算的60%来支付员工的薪水。然而，对他们的培训投入还不到0.5%。花在公司大楼维护上的钱比花在员工培训上的还多。”

大家知道，坐在轮椅上的人没有夸大其词。他继续说道：“一只虎皮鹦鹉的鸟笼里常常挂着一面镜子——你们知道这是为什么吗？”

“我有一只虎皮鹦鹉，”曼努埃拉·赫兹利奇接话道，“鸟儿会把镜子里的影像当作另一只鸟，可以跟它玩耍、交流。”

“你说得没错，”伯格赞同她道，“而人类比鸟聪明，不是吗？”大家对此没有异议。

但伯格的话引起了大家思考：“我们在观察这个世界时，往往忽略了它也是一面镜子，一面反映了我们的内在、我们的世界观和自我认知的镜子。比如，我们以为自己遇到的是跟我们无关的员工，但从他们身上看到的许多东西，实际上源于我们自己。”

埃伯哈德•韦尔里奇和曼努埃拉•赫兹利奇意味深长地点着头。相反，阿尔弗雷德•斯派特看上去不能被说服，他说：“这些对我来说，好像在听天书。意思是我的员工做的错误行为，根源在于我。这就太夸张了。”

路易斯•伯格简短回答：“你说得对。”

财务总监迷惑了，重新发问：“这不是我对不对的问题。我想说我们不可以过分夸大这些。”

“完全正确，这方面需要谨慎行事。”坐在轮椅上的人回应道，之后就沉默了。财务总监不安地在自己的椅子上左右晃动。最终他妥协了：“或许我根本没有明白你的话……你可以再进一步跟我解释一下吗？”

对此，路易斯•伯格立即做好了回复的准备：“因为你现在回到了礼貌的语调，并且确实想要理解我到底要说什么，我乐于解释。虎皮鹦鹉的比喻包含了给领导者的三条教导。

“第一，每位领导者都有着自己值得拥有的员工，以及他所吸引来的员工。因此许多情况源于领导者，而许多人不愿意承认这一点。

“第二，领导者对于员工的印象会深深地影响到他们。如果领导者认为他人懒惰又无能，这位领导者常常就会看到他们这一面。而如果领导者认为他人是积极而有能力的，就会因此导向正面发展。我们称之为‘自我实现的预言’。

“第三，人们看到的不仅仅是自己的员工。每个人在看其他人的时候也看到了自己。因为从对方身上反射出了我们自己的世界观和我们对自己的认知。因此，我们从来不只是面对他人，也一直在面对自己。”

阿尔弗雷德•斯派特细细咀嚼着这席话，然后说道：“对此我要认真思考一下。我现在可以肯定，虎皮鹦鹉的比喻会对我有所帮助。”

坐在轮椅上的人抽出一张小卡片，上面有这些教导的总结，他将卡片给了财务总监。

虎皮鹦鹉和镜子：你承担着很大的责任

第一条教导：你会吸引来自己值得拥有的员工。

第二条教导：通过你对员工的看法，你会深刻地影响到他们的发展。

第三条教导：你在看每个人的时候，也总是会看到自己的世界观和自我认知。

五个人读了卡片。他们感觉到，虎皮鹦鹉的比喻可以传达给他们一些生命中的深刻联系。他们理解到自己不能简单说“我的员工还不行”。因为让员工能行是领导者的任务。

曼努埃拉·赫兹利奇还有一个问题："我是否正确理解了，我必须要评价员工的责任心，借助那五条原则可以最好地达成这一点吗？"

"我要谢谢你的这个问题。"坐在轮椅上的人坦言，"每一套系统都包含规则。一套系统是上不封顶的——必须持续改进。'加 1%'可以提醒我们这一点。相反，没有底部也不行，规则构建了一套系统的底部。五条原则表明了大家在一家公司里追求一种什么样的状态。五条原则提供了定位，并且让我们可以对人们的行为进行评价。"

曼努埃拉·赫兹利奇追问说："如果我的理解是正确的，我应该依据这些原则来衡量和评判员工的积极度。还有我必须通过自己的观察获得结论。你可以就这五条原则分别给我一些提示吗？"

路易斯·伯格答道："很重要的一点是，不要规定所有的事情。在这些原则方面各位应该留出余地。不过当然还是有一些重要依据可循：

"在第一条原则上请注意——承担起责任，分清一个人是否尽力，是否花了全部心思工作。对尽心尽力的员工要特别提携。那些对公司不认同的人，那些无法激励自己的人，或者那些无法完全承担起自己责任的人，都不应该获得提拔或委以重任。

"在第二条原则上——结果导向方面，重要的是只有出色的结果才算数。请你有意识地与所有状态不佳、无法创造出这样结果的人做切割——无论他们是因为什么。这看起来可能不近人情，但是不这样做，你可能会危及整个公司。

“第三条原则可以帮到你，将注意力集中在优势上。只有在人们有巨大优势的领域，你才能要求杰出的工作成果。

“你要尽你所能去做，促进这些优势的发挥，然后你的员工就会真正成为优秀的人。请大家让员工去完成他们真正有优势的任务。在这一点上不要做出妥协。”

坐在轮椅上的人短暂凝视了一下窗外，然后继续说：“大家要一直营造正面的公司氛围，这是第四条原则。不能允许有人持续地毒害这个氛围。请依据规定去做观察和评判，来维护一个正面的公司氛围，提醒与警告他人。在不得已的情况下，做出切割。

“第五条原则亦是如此，关于信任：请注意，不要让论文中阐释的那十种信任的破坏者在你部门里安营扎寨。请反复阅读这些论文。将第四条原则的十条规定以及第五条原则里信任的十种破坏者名单张贴在大家面前。”

人力资源部经理还有话，不吐不快：“那我们要如何对员工的错误行为做出反应呢？立即批评吗？”

路易斯·伯格答道：“假如有人违反了原则，用一种简单的方式去提示他，而无须立即做出批评。像裁判在运动员犯规之后做的那样，你向那个人出示一张黄牌。有几家公司会使用上面印了凶恶脸谱的牌。”

曼努埃拉·赫兹利奇有些疑惑：“但是，我不用在公开场合出示这张黄牌吧？”

坐在轮椅上的人笑了：“当然不是。要么你把这位员工叫到一旁做一次批评谈话，要么你向他出示这张黄牌。二者都要在两人单独相处的情况下进行。黄牌会让你对犯规的反应变得不那么锐利、有杀伤性，却能够点出问题。你说出了这句话：‘现在你真的必须改变自己的行为了。’”

大家都认为这是个好主意，他们决定使用有凶恶脸谱的牌。

“那如果有人长期地坚决不愿意按照这些原则行事呢？”戈特弗里德·祖克问道。

路易斯·伯格语带强调地回答：“关于目标大家可以探讨，关于原则无法讨价还价。那些无法接受原则的人，对公司本身、公司的价值理念、公司的信念提出了质疑。这种人你不应该去评判他。每个人都有权利想他要想的事。尽管如此，你必须同这样的员工做切割，因为他对公司无法认同，换句话说，因为他与这家公司不合适。你的做法要友好，但是态度要坚决。”

大家默默聆听，因为这些话中的真理对他们显而易见。大家记录道：

> 领导者必须同那些不接受公司原则的员工做切割。

曼努埃拉·赫兹利奇接着说道：“以前，我把坚决和不近人情混为一谈了。现在明白了，公事公办必须坚决。这样做并不会损害到当事人，反而能帮助到他。因为没有人会为长期做一份不合适的工作或者待在一家不合适的公司里感到快乐。克尔斯汀·莱克特强化了这一点。行为果断是人性化的。”

埃伯哈德·韦尔里奇也表示：“一位领导者承担的责任越大，他的明确的世界观和对自我的认知这件事就越重要。通过这些认知以及行动他会发展出自己的个性。我们的行为会对心态产生影响，二者一起形成我们的个性。”

路易斯·伯格点头道：“因为我们要发生改变并且做出行动，将简单领导系统导上正途就变得重要。不能把事情交给运气。大家现在了解了简单领导系统的历史，也认识了系统本身。你们现在还缺少的是责任……”

大家热切期待着坐在轮椅上的人给他们讲解这一点。他们意识到——只有具备责任感，系统才会真正效果卓越。

Leading Simple

第三部分

简单领导——责任

责任是什么？假如我们想要改变一件事情，首先需要一个计划。想要实施这个计划，我们就必须做出一个承诺，一个神圣的承诺，以确实做出改变。只有带着施加给自己的责任你才能认为计划会得以实施。

第12章　自我承诺

五位领导者满怀期待地等候路易斯•伯格来为他们讲解今天的议题——“责任”。

坐在轮椅上的人清了下喉咙说道：“在收到那些论文后不久，我就把它们转给了一家公司的领导团队，他们有180人。我们用好几天的时间详细探讨，练习了辅助工具和原则，我当时认为我的任务就完成了。六个月以后我再次拜访了这家企业，看到的情况令人非常沮丧。”

大家无法理解他的话。伯格解释道：“当时的情况是，180位管理者中只剩下43位还在用系统工作。有些人从来就没用过系统，另一些过了一段时间就放弃了。43位领导者使用系统工作，并且获得了出色的成果，但另外的137位什么也没有改变，就像是他们从来没了解过简单领导系统一样。我感觉很糟糕。”

“可这不是你的错呀，”戈特弗里德•祖克说，“无论怎样，你尽力了。如何运用所学的知识，需要每个人自己负责。”

路易斯•伯格答道：“确实如此。第一条原则恰好就说明了这一点：每个人都为自己工作的结果负责。不过这也意味着，我也要为我自己所达成的结果负责。大家记得：领导意味着，在其他人的协助下达成期望的结果。我感觉只把系统给别人是不够的，我必须做到让他们也能运用系统。这是我的责任。”

“你从哪儿获取的力量？”埃伯哈德·韦尔里奇问道。

坐在轮椅上的人答道：“对于我来说，领导就是生活。当我看到一个人没有学习过领导，我常常会看出他的生活是不完美的。我看到浪费了精力。我会看出，应该有人来帮助这个人变得更加有效率、更加快乐。在这里面，我看到了自己的任务。

“我们无法忽略这样的事实：我们的领导力与我们在自己生活中所经历的成功与圆满有着直接关系。大多数人不知道，如何真正将所学化为所用。他们无法将愿望与目标区分开来。如此，他们便与圆满人生隔绝开来。假如我可以帮助他们跨越隔绝他们获取幸福的深渊，我会视之为荣光。”

五位领导者感觉到了他的认真。曼努埃拉·赫兹利奇问道：“那么愿望与目标之间的区别在哪里呢？”

路易斯·伯格解释道：“愿望是关于美好东西的白日梦，关于如何实施，大家不会认真想。因此人们也不知道，这些白日梦是否有一天会成为现实。而相反，在制订目标的时候，我们会决定在一个特定的时间范围内实现它们。为此，我们需要做一个计划。”

不做计划的人计划的是自己的失败，通过书面的计划书可以将愿望变为目标。

曼努埃拉·赫兹利奇若有所思地点点头，说："问题在于，每个人都会制订出一份计划。这样的后果将是降低产出。作为领导者，我的任务就是在这方面帮助自己的员工。"

短暂停顿后，她继续说道："但是，我们具体能够提供哪些帮助呢？是不是每个人的自律情况最终决定了他会不会实施这套系统？"

"没有了纪律，生活当然将一事无成，"路易斯·伯格答道，"但是一个人是否自律，取决于他如何回答一些问题。"

"哪些问题？"人力资源部主管想要知道。

"假如我们只是尝试做某事，那是永远不会奏效的。它终将是一个美好的愿望而已。我们必须有意识地做决定，否则一事无成。我们的任务不只是帮助员工制订一份计划，还要带领他们做出明智的决定。而我说：这样还是不够。我们必须承担更多的责任。"

"你指的责任是什么？"曼努埃拉·赫兹利奇询问。

"假如我们想要改变一件事情，首先需要一个计划。想要实施这个计划，我们就必须做出一个承诺，一个神圣的承诺，以确实做出改变。只有带着施加给自己的责任你才能认为计划会得以实施。"

"是否可以这样说，"英格·萨尔姆总结道：

一份书面计划将一个愿望塑造成目标。通过做出自我承诺我们会具备实施计划所需的自律。

“非常正确，”路易斯·伯格赞许道，在白板上记下一道公式。

（计划＋频率）× 情感投入度＝改变

他解释说：“这意味着我们越自律，我们就越经常地实施这些计划，我们通过做出自我承诺而在情感上投入得越多，改变就会越大。”

“我不确定自己是否全部理解了。”戈特弗里德·祖克插话道。

“你很快就会变明白。你自己将经历我所说的事情。各位还记得一切是从什么开始的吗？”

“从问题开始，你说过的，”曼努埃拉·赫兹利奇答道，“但为什么我能够仅仅以几个问题就实现这一切呢？”

坐在轮椅上的人微笑道：“没有其他的可能。只有通过问题才能实现自愿地做出自我承诺。责任绝不可以是强加于人的，责任必须是严肃的、深刻的。在这里，大家可以看到有关那些问题的一个概述。”

他发给大家一张小卡片，正反面都印了字。在反面印有那道关于改变的公式，路易斯·伯格之前已经写在了白板上，在卡片正面大家读到了下面的文字：

责任

1. 假如今天你来审视你自己和你的生活——你喜欢自己看到的东西吗？你完成自己应该能完成的事了吗？你自己的计划都实施了吗？你认真想要改变什么吗？

2. 未来六个月中，你必须达成令自己满意的三个最重要的结果是哪些？

3. 为达成这些结果，你要准备做出哪些改变？

4. 你想要承担哪些责任？

5. 你决定做出改变的理由是什么？

6. 你真的决定了吗？

7. 哪些行为模式和习惯可能阻碍你达到自己的目标？

8. 你需要养成哪些新的习惯？

路易斯•伯格的声音打断了大家的思路："各位认为，下一步应该做什么？"

埃伯哈德•韦尔里奇即兴地回答："我们应该为自己回答这些问题。只有当我们做出自我承诺之后，才能期待他人这么做。"

"我很喜欢这些问题，"英格•萨尔姆发言说，"我也理解其中的意义。不过这些问题不是我在实现每一个目标的时候必须问自己吗？就是说，它们根本不是专门关于领导力的问题，对吗？”

路易斯•伯格微笑着说：“假如和目标有关，就一定也和领导力有关。我们并不总是必须去领导他人，但是必须领导我们自己。如果你不能领导自己，你的生活将一事无成。”

这些问题在实现每个目标的时候都要提出，因为每一个目标都只有经由领导才能达到。

“没有领导力你将陷入一事无成的境地。因此，领导力就是成功和失败的区别，也是圆满人生和令人沮丧的平庸之间的区别。”

坐在轮椅上的人发给大家一张印有和卡片上同样问题的表格，上面留有空白，可以写下问题的答案。大家立即开始做作业了。

大家用了足足半小时，因为他们想要认真对待自己的责任。当他们完成后，路易斯•伯格说：“恭喜大家。各位刚刚回答了大多数人从来不会提出的问题。因为极少有人会提问，他们也不会做出自我承诺。而那些不做出自我承诺的人，就不会完成他的计划。他会缺少力量，一碰到困难就放弃了。”

“卡片背面关于改变的公式也包含在这个关系之中吗？”英格•萨尔姆问道。

“谢谢，你提醒了我公式的事，”坐在轮椅上的人答道，“你完全正确。为了能成功做出改变，你需要一个计划和实施这个计划的纪律。而最终导向成功的动力是情感投入，就是你感觉到自己负有责任去实现目标的程度有多大。只有当你对自己提出正确的问题时，你才能认真地做出自我承诺。”

戈特弗里德·祖克问道：“那我现在如何行动才最好呢？我没法一下子对我所有的员工承担起责任，不是吗？”

坐在轮椅上的人答道：“我不知道这是否可能，肯定是意义不大的。与其这样，你不如做两件事：第一，你应该认真承担自己的责任；第二，你应该承担起帮助两个人的责任，让他们也对自己承担起责任，然后来实施这套系统。”

总会计师说：“也就是我跟自己挑选出的两个人进行谈话，谈谈关于他们的责任的事情，我把这些问题传达给他们。”

“完全正确。”路易斯·伯格肯定地说，“你还得检查他们。与他们约定时间，届时你要详细地与他们探讨表格上的书面答案。责任太过重要，你不做检查是不行的。”

总会计师还有一个问题：“那我要如何继续在实践中帮助他们呢？”

路易斯·伯格答道：“你严格依照我们前面探讨的这套系统去做，就会帮到他们。用这套系统来领导；促进员工进步，实现公司目标；建立系统，委任员工；检查全部的工作。这些就是你的任务。请注意，你的员工也一样要这么做，你要给予他们支持。给予他们反馈，特别是称赞，与员工探讨结果导向的任务以及预算计划。除此之外，还要根据以下原则评价员工的责任心：他们承担责任吗？他们集中精力完成令人满意的工作结果了吗？他们从事的事情与自己的优势确实相符吗？他们是否努力营造一个正面的公司氛围并且促成信任？”

曼努埃拉·赫兹利奇说：“我想给员工发小卡片，上面写上一些认可的话语。”

“这是个非常好的主意。”坐在轮椅上的人认为。

> 请你尽全力地鼓励这两位员工，让他们一直坚持使用系统。你为他人创造的价值越多，越多地促使他人去改善生活，你自己的生活就会变得越稳固、越圆满。

五位听者点点头。之后路易斯·伯格问道：“谁能将我们有关责任的谈话内容做个总结？这项旨在成功的规划该是什么样子的？”

所有人自动看向英格·萨尔姆。她清了清嗓子开口道：“谈话当中我做了些记录。总结下来，会是一个简单且行之有效的计划。”她走向白板，写道：

1. 做出自我承诺，用简单领导系统工作六个月。
2. 将那些论文传播给整个企业。
3. 对于系统要做出情感上的解释。
4. 对两个人承担起责任。
5. 用六个月的时间去支持这两个人。

她看看路易斯·伯格，他用疑惑的目光看着她。她愣了一下，然后窃笑，自己已经又一次在期待他的表扬了。她狡黠地问其他人，很快就获得了肯定的反馈。

坐在轮椅上的人也不由得笑了：“我赞同大家对你的评价。关于责任的规划确实如你所说。请大家不要忽视——没有责任，你期望的结果就不会达成，绝不会。请总是从赋予责任开始。”

过了一会儿，戈特弗里德·祖克说道：“我感觉还缺少什么东西。我没法相信，一切总是如此顺利地进行。我们不需要像编预算时那样做一个‘最坏情况计划’吗？”

“你完全正确。”坐在轮椅上的人迫不及待地说，“我喜欢这个以‘最坏情况计划’做的类比。领导者必须同时顾及失败的风险。若要行之有效地帮助，各位必须知道自己要准备面对哪些风险。最主要的有三个方面容易出问题：忽视、负面影响和骄傲。各位能够想象为什么恰好是这三个方面吗？”

财务总监答道：“噢，我可以。我几乎每天都要面对忽视的情况。许多人就是不想看见真相，他们宁可毁灭也不做出必要的改变。我为此恼怒了很久，因为无法理解为什么有的人不愿意正视事实。”

“我想这是在逃避，”曼努埃拉·赫兹利奇沉思着，又继续说，“归根结底，可能还是恐惧。”

路易斯·伯格说：“有时也是马大哈或者懒惰。不过，不管是因为什么——

永远不要允许有人忽视事实。

自己和他人都不行。对方可能竭尽全力做好，但是后果却是灾难性的。与之相似的是第二种危险，影响。”

“之前你说的是负面影响。”曼努埃拉·赫兹利奇追问。

“这不一定是一种直接的负面影响，”坐在轮椅上的人答道，“还有因为人员不称职带来的任何形式的影响。各位知道谁是属于这个分类的吗？”

戈特弗里德·祖克，总会计师先生，迫不及待地说：“这个问题我只要考虑第二条原则就有答案了。如果我们以结果为导向来工作，那我们也可以只以结果为导向听取建议。这就是说，作为领导者应该只采纳那些展示出工作成果的人做好的典型。”

路易斯·伯格点头道：“是这样的。

那些没有做出你所追求的工作结果的人，请永远不要让他们给你启发和激励。

在实践中这意味着：听从你的领导以及一位做出成果的顾问。”

五位领导者沉思着点头。

坐在轮椅上的人开始下一个重点，说道：“我们还少了最后一种危险，骄傲，它和忽视像是兄弟，同样危险。请谨防骄傲。大家知道为什么骄傲如此危险吗？”

埃伯哈德·韦尔里奇答道：“我认为在骄傲的人内心深处

是不安。他们企图用好的结果和高人一等来掩饰这种不安全。但是，这样他摧毁了气氛，阻碍了同事和员工的成长。”

路易斯·伯格肯定了这一点：“你击中了问题要害。因而大家要保持谦虚和感恩。请诚恳地表达对员工的兴趣——然后你会越来越多地发现他们的价值和独一无二。”

“现在我想要……”英格·萨尔姆轻叹道，“把这三种危险简要总结一下。但是它们在我看来太过扑朔迷离。”

“我只能说你是对的，”路易斯·伯格赞同道，“忽视、影响和骄傲听起来不那么具体。但因为你现在知道了这些危险的事情，当你在实践中遇到它们的时候，就会辨认出来。几乎所有人类的麻烦中会出现的情况，都起源于这三种危险。”

“我明白了，”埃伯哈德·韦尔里奇听懂了，“我没办法与员工行之有效地针对完成得糟糕的任务进行谈话，假如他们听从了对任务一无所知的人的建议。我也不能提拔骄傲的员工，这样的人既不会真正喜欢自己，也不会真正喜欢他人。我会只谈员工存在问题带来的后果，而不去讲问题的原因。与之相对，我知道问题的原因，就有了做出真正改变的机会。”

现在英格·萨尔姆可以做总结了：

> 当你遇到责任心弱的情况时，请问自己，其原因是否可以在忽视、负面影响或者骄傲中找到。与问题的原因做斗争，而不是与问题的后果斗争！

路易斯·伯格点头。然后他说：“除此之外，还有可能发生别的事，比如，你的员工认为他没有足够的时间研究简单领导系统。各位要如何应答呢？”

“这已经发生了，”埃伯哈德·韦尔里奇告诉大家，“我的两位代班人中的一位认为，他的工作任务已经可以填满自己的一整天了。”

“那你跟他说了什么？”路易斯·伯格询问道。

“另一个人把他带到我这儿来了，”曼努埃拉·赫兹利奇微微一笑道，“他指指我的猴子，然后说：‘你的问题不是时间，你的问题是猴子。’那个可怜的人完全困惑地瞪着我的猴子。我就给他解释了其中的含义。”

大家想着这幅场景，都不禁笑起来。坐在轮椅上的人说道：“这条教导非常重要：

> 简单领导系统并不花费时间，它会给你更多时间。”

“这一点我可以绝对地确定。”人力资源部经理插话道。

路易斯·伯格说道：“我知道自己在重复。但这是如此重要，讲一次不够。请大家永远不要低估责任的重要性，对你自己来说如此，对其他人亦是。没有责任你永远不能达到想要的结果。简单领导系统会改变生活品质，各位不可让它放任自流。”

坐在轮椅上的人望着五位领导者的眼睛，一位接着一位。然后他知道——他们都做出了自我承诺。

*　　*　　*

九个月后，那位大家仍然尊称为老大的哈拉尔德·格鲁伯请他们过来开会。大家激动地等待着。并没有事先说好，五位领导者都比约定的时间提前了很多来到会议室。一切都是从这儿开始的。自从路易斯·伯格第一次坐着轮椅来到这个房间，这里的改变太大了。

大家将简单领导系统引入了格鲁伯股份公司。刚开始有一些困难——这与他们的期待相差很远。渐渐地，越来越多的员工乐于承担责任，愿意照着这套系统工作。

他们确实感觉更好：由于了解自己的任务，大家能更安心地工作。他们每天练习运用五种辅助工具，工作越来越有效率。通过原则，大家获得了方向。更重要的是，他们重新为在格鲁伯股份公司工作而感到自豪。

经过这段时间的学习，大家的思考已经习惯于结果导向了。因而，对他们来说，最重要的是收获了好的结果。通过大家的改变，与相同季度比较，公司的销售额增长了8%，而利润甚至增长了21%。这种情况已经持续了一段时间，大家期待着这种趋势持续下去。

埃伯哈德·韦尔里奇被哈拉尔德·格鲁伯任命为董事会主席。大家为这个决定感到高兴。五位领导者的圈子已经大大地扩展了。大家感到很惊讶，从先前并不起眼的员工里这么快就可以产生出真正的领导者——只要他们乐意承担起做领导者的责任。他们看到，简单领导系统使人进步，并带来成果。最棒的是，这套系统发生作用并不取决于运用的对象是什么人。

这段时间里，路易斯·伯格撰写的有关简单领导的著作也已经出版了，他将书赠送给了自己从前的学生。学生们又让每位员工人手一册进行学习。这样可以让每个人自己决定想要参阅哪些内容。因为每个人在日常生活中遇到的挑战不同。在需要的时候可以有相应的论文和谈话记录供大家参考，这对他们来说有极大的助益。

路易斯·伯格和哈拉尔德·格鲁伯进到房间，受到了大家热情的欢迎。公司的创始人变老了，但是他的声音仍然如有魔力般吸引大家。“好多个月前我对各位说，在我的生命历程中缺少了一些至关重要的东西。我意识到自己的领导方式存在一个严重的缺陷——无人能复制它，因为太受我个人的影响。从路易斯·伯格那儿我学习到一套不依赖于人而运作的系统。他接受了我的请托，路易斯·伯格向大家介绍了简单领导系统。他为各位讲解了论文；通过对大家讲述自己的故事，他也完成了在情感上与大家建立关系。我必须对我的朋友路易斯致以敬意。”

哈拉尔德·格鲁伯走向坐在轮椅上的人，热情地握住路易斯·伯格的手。然后，他继续说道：“以后就看大家的了。各位承担起了责任，做出了自我承诺，并且慢慢地让我们公司大部分员工都接受了简单领导系统。那些少数无法与简单领导系统取得认同的人，也意识到了这一点，然后去别的地方寻找更适合自己发展的机会了。

“回顾今天我在公司所经历的，我听到的是笑声，我看到的是自豪的、充满自信的脸；是了解自己任务的员工，他们要干的工作比自己的领导还要多；是为员工付出时间的领导者。数据证明了我的这些印象并非想象。他们现在已连续地大幅提高了销售额，最重要的是盈利也大幅提高了。”

老大给大家时间理解一下他的话，然后又接着说：“一直以来，我都为作为专业人才的各位为荣。但现在，我更为你们拥有领导者的品质而感到骄傲。我知道，现在我真的可以退休了。公司在各位手里会有更长足的发展。

“我收到了领导人圆桌会议的邀请，去主持一个特别项目，我期待完成这项新任务。生活对我很慷慨，现在到了我回馈生活的时候了，感谢圆桌会议给我的这个机会。各位永远不要忘记，你需要感谢简单领导系统。把你们的所知传下去，请大家承担起这样做的责任。”

五位领导者开心地做了承诺。当他们做这些的时候，感觉到自己以一种特别的方式与公司创建者以及坐在轮椅上的人联结在一起。哈拉尔德·格鲁伯继续说道：“还有一件重要的事。各位知道，虽然我一直期望有个孩子，但未能如愿。现在我得思考一下，假如有一天我不在人世了，我的人生产业要怎么办。我已经找到了所有解决方案中最棒的，找到一个能够保证格鲁伯股份公司和其所有员工福祉的解决方案……”

至此，五位领导者知悉，哈拉尔德·格鲁伯已将他公司的大部分股权交给了他们几位。

Leading Simple

第四部分

简单领导——论文

生活善待了我们，我们想要回馈生活——就是一个系统，这个系统可以让每一个人都能卓有成效地进行领导。

五项任务

1. 促使他人进步
2. 实现公司目标
3. 创建系统
4. 委任
5. 检查

五种辅助工具

1. 赞扬
2. 重新分配
3. 批评
4. 结果导向的任务描述
5. 预算计划

五条原则

1. 承担责任
2. 结果导向
3. 集中注意力在优势上
4. 积极向上的公司氛围
5. 建立信任

第13章　五项任务

第一项任务：促使他人进步

作为领导者，你有五项任务。这些任务必须认真对待，需要不断地练习和学习，达到运用自如。无论你愿意与否，你都会一直影响到其他人。运用你的影响力促使他人进步。

有些人认为，身边其他人的存在只是为了帮助自己取得成功。那这些人不是领导者，而是暴君。还有一些人认为，自己能为公司创造一定的成果就够了。这二者所谓的成功都缺少了一样最重要的东西。要领导他人，必须促使他人进步。其他的，都不是领导。

领导者应该服务其他人，但不意味着他要完成其他人的工作。领导者通过促使他人进步而服务他人，不可以为他人做他们能够并且应该自己完成的工作。

如何来看待这一点呢？大多数人的认知能力是有限的。人们接受教育培训，以达到特定的水平，然后就停滞不前了。

其实他们可以完成比自我认知多得多的东西。作为领导者，你的任务就是使这些人获得这样的能力，给予他们令他们成长的任务，这些任务要越来越广泛、越来越复杂。

通过对他人提要求而促使他们进步，只有阳光不足以令人成长。从长远来看，只有当你帮助员工发展出最好的自己时，他们才会尊重和爱戴你。当然了，你无法促使一个自己不想上进的人进步，但你必须知道如何促进愿意进步的人进步。

有些人凭感觉领导——还常常取得巨大成功。但这有两个缺点：一是多数事情的发生都具有偶然性，往往超出领导者的预想；二是相对于系统而言，这种做法是不可复制的。因此你应该系统地运作。这点非常重要。

不同的人与不同的情境需要不同的领导者风格。在这种情况下，如何能够让系统运作成为可能？

尽管人与人不同，但某些法则仍然适用。每个员工和每个组织都会经历四个阶段，每个阶段都有一定的能力和责任心的要求。通过有关能力和责任心的特定标准，这些阶段得以定性。

能力通过知识和经验而来，责任心来自目标与自信。你的任务是帮助员工尽可能多地培养出能力与责任心，为此你要在每个阶段正确地领导他们。通过对一位员工的能力和责任心进行评价，你可以确定这位员工处于哪个阶段。

在第一阶段，员工的积极性高，但工作能力弱。他们还没有受过适当的训练。他们还没有真正学会工作内容，之前所学只能给他们有限的助益。在这个阶段，在某种程度上你会帮助他们，但在更大程度上，你要指导他们。你担任的是一位乐队指挥的角色，给出确切的指示并且进行检查。

在第二阶段，他们的能力有所提高，参与度有所下降，因为蜜月期已经结束，他们最初的幻想已经被现实取代。员工意识到自己还得学多少东西，常常会想再换工作。在这一阶段，你不但要做指挥，还必须帮助他们。你应该通过有目标的培训传授他们专业技能。最重要的是，你需要与员工一起设立目标，然后帮助他实现这些目标，这将增强员工的自信，同时也增强了他们的责任心。

第三阶段是决定性的。员工经过前面一段时间的学习，现在能力很强，但责任心摇摆不定。因为已有的知识会令他自视甚高，也因自我感觉摇摆不定而烦恼。他还无法领导自己，做事时而高度负责，时而又完全没有动力。在这种情况下，你应该多帮助、少指导。员工在这个阶段需要的是鼓励和被提要求。适时的批评与某种程度的严厉此时成为必要，因为假如一个人在此阶段停滞不前，就实在太可惜了。

当你的员工进入第四阶段时，你就可以松口气了。他们已经很有能力了，也很投入了，并且能够管理自己和交给他们的任务。这时你可以把工作交给他们，必须把全部责任交给他们并赋予他们足够的信任。

很少有领导者意识到这四个阶段，并致力于自己一贯的管理风格。他们要么是专制主义者，要么总是想通过团队合作来帮助他人。这样做的缺点是，他们将所有员工一视同仁了。但这并不意味着对待每个人都平等，而意味着平均主义。他们将会对那些慢的人要求太多，同时又阻碍了较快的人。最重要的是，他们无法完成自己最重要的任务——有系统地促使他人进步。只有那些能力相同的人才应该被同等对待。

注意每个阶段可能存在的危险：

• 在第一阶段，以低能力和高投入为特点，你需要多提供指导。要谨防员工提出太多条件，以及想要跃过这个阶段。

• 在第二阶段，能力有所提高，但参与度正在下降。你需要对你的员工进行培训和提供帮助，否则，你可能会失去很多员工。

• 在第三阶段，你需要鼓励你的员工，但不要太软弱，因为那对他们没有帮助。

• 在第四阶段，你将看到高能力和高参与度，你需要授权。在监督的同时放手和信任你的员工。

作为领导者，你必须始终监视所有阶段：

• 例如，不要跳过任何阶段。

• 所有过程都要小心不要伤害任何人，例如，想象一个艺术家用粗糙的木头雕刻佛像。如果你问诀窍，他会回答："最重要的是不要伤害佛陀。"

• 通过帮助员工、培养他们的优势来鼓励他们进步，而不是通过去除他们的弱点。

这就是你成功的方法：

先确定你的每一位员工处于哪个阶段。向所有员工解释，你想要用这套系统有目标地帮助他们。为他们讲解四个阶段，告诉大家领导风格将依据所处的阶段而定。

第二项任务：实现公司目标

有些领导者在鼓励员工时会较为局限，认为成功是自然而然的。然而，这些人不是领导者，而是梦想家。事实上，你必须同时做这两件事——鼓励他们并实现公司目标。只有当你完成这两项主要任务时，你才是一个卓有成效的领导者，因为这两项任务关系到人和结果，而这两者又是分不开的。

每一家公司都有自己独特的目标。除此之外，所有的商业公司有一个相同的目标——获取利润。公司的独特目标设立各有不同。比方说，福特想要用价格实惠的汽车令人们的生活更加便捷，而爱迪生联合电气公司想要为人们的生活带来光彩。

每一家公司的创立都是为了实现一个自己的独特目标，所以要有你的参与：你应该并且乐意帮助实现这个目标。那些不了解自己公司独特目标的人，将会无法卓有成效地进行领导。

你知道自己公司的目标吗？公司提供特定的服务或者产品，提供的有别于其他公司提供的东西。理想的情况是，你为自己的公司感到自豪，因为你认为这家公司为人类的进步做出了贡献，世界会因此变得更美好。

然而，所有公司的一般目标都是相同的——他们需要盈利。但是要避免两个极端。

一是不能用“不惜任何代价获取利润”作为口号。利润的动机绝不能以牺牲他人或地球环保为代价。一家了解这一点的公司将利用利益相关者的核心目标，不仅为客户和员工，而且为他们的家庭、供应商、城市或市政当局、地球环保等承担责任。他们将对现在和未来负责，做出即使在一百年后仍然存在的标记，并将成为他们地区的重要组成部分。他们对快速盈利不感兴趣，他们关注的是可持续性的发展。

二是任何领导者都不应忽视创造利润，这是另一个极端，没有利润，最终将导致公司死亡。你不应该对此抱有任何幻想。

利润本身并不是目的，而是达到目的的一种手段——没有资金和理念的实施，任何公司都无法生存。没有利润，他们就无法支付工资、保证培训、支付附加福利、促进增长、促进发展或投资未来。没有利润，他们就会失去一切。

每一位领导者都应首先让尽可能多的员工了解公司的独特目标，相信这个目的并为之努力。这会让能量汇聚到一起。在公司内按照公司的目标工作的人越多，目标就越有效。一个领导者还应该使一个成功的文化伴随着实现创收的想法而出现，同时，成本不应该超过一定的水平。成功的文化包括带来利润和减少费用。

不幸的是，两者都经常被忽略。公司目标没有得到足够的重视，无法让员工看到公司对国家和世界的贡献有多大价值。出于这个原因，员工从来没有发展出自豪感，这自豪感是健康的内在动力的源泉。

与此相反，有些人认为他们应该将公司作为个人前途的跳板。他们只想着自己，不会将实现公司的目标视作自己的目标。要向这种人说明，他们在帮助公司的时候，就是对自己最好的帮助。那些将公司和公司的目标放在第一位的人，才可以获得自己需求的更高的满足感。

很多时候，目标也会因为认为所有商业公司都是一样的而沦陷。领导者要不知疲倦地创造一个成功的文化。有些人对这件事的理解并不正面。他们说："我们老板或者几个大股东赚得盆满钵满，我觉得没什么意义。"

对他们阐明，这种态度对公司和他们自己都无益，因为后果可能是自我封闭。封闭自己的人会给自己设限，变得无用。那些一直浑浑噩噩混日子的人失去了工作上的乐趣，损害了公司，也损害了自己。

这样做可以达成：

1. 把公司的目标内化。为什么你会为此感到骄傲？为什么你的公司让世界变得更美好？

2. 确保你的员工明白这个目的。一有机会就跟他们谈谈。

3. 成功的文化有助于节约成本。一方面，反复谈论成本，让你的员工更加注重成本。如果这是在你的能力范围内，制订一个计划，奖励每一个员工，节省成本。另一方面，你也应该以增加销售量为目标。即使不能直接影响销售，你也可以尽最大的努力间接地做出贡献，同时鼓励你的员工也这样做。发挥你的作用，把你的客户变成热情的粉丝，总是找到新的方法，不仅满足他们的期望，而且超越他们的期待。

4. 特别鼓励那些了解公司独特目标并认同公司目标的员工，这有助于降低成本和增加收入。

第三项任务：创建系统

有两种方法领导你的员工。你可以直接执行此操作，但也可以通过系统间接执行此操作。这种区别在一级方程式赛车比赛中显现得很清楚。

当一位赛车手通过无线电向自己的团队提出一个问题时，将发生什么？一方面，领队会立即给出指引，在这种情况下他是直接领导。另一方面，许多机构的运作是固定的。例如，赛车中途停车加油就是完全精准计划好的，这种情况下由系统决定谁在什么时候接手什么事。

只要还有人类存在，你就永远得做直接领导。但规则是：长期来看，你通过系统领导得越多，就越高效。间接领导有着巨大的优势，这样一来，公司就不依赖于某个人了。另外，失误也会减少，因为系统被日臻完善。公司运行越来越有效率，所有人都节省了时间。只有通过系统持续做出基本的最低限度的绩效，才能让信任得以建立。最后且最重要的一点是，领导者有了更多的自由空间，因为公司的日常运作没了他也可以进行。

理解了这一点的人，应该骄傲地说：我会创建系统。可是许多领导者不想要系统，因为他们害怕这会让自己变得多余。他们维护一种“没了我，一切都无法运转”的风格，当造成他人依赖性的时候，他们就认为自己成功了。

但情况是相反的：公司没有你而运转得越好，你就越有价值。要尽快把你自己变成可以缺少的人。假如你在事业的这一层面上已经设立好自己运行的系统，那你已经准备好更上一层楼了。作为领导者，你感觉——总是有新的、更有趣的挑战在等待着你。

许多人疏忽了设立组织形式，因为看起来其他事对他们更为紧急。但是无论如何不能让不可预见的事情去决定你的日程，至少不可以让这成为常态性的。你的系统越好，就越少发生不可预见的事情。因而不要抱怨一团乱的麻烦事。如果你抱怨，那就是在指责自己。通过系统来建立秩序，这说到底还是你的任务。

不要让自己被误导而做出不必要的直接领导。那些忽略了使用高效系统的人，必须用直接领导来补偿。那样，一切都会完全不再继续发展或者发展得很慢。要一直问自己：我正在直接领导还是在创建一套系统？形象来说：我是在拎一只桶，还是在建一条管道？一位领导者不仅要正确地做事情，而且还要做那些正确的事情。

如果你想要开发系统，那你的操作是简单的。困难和复杂的东西无法系统化。只有那些简单的东西，才可以标准化。

你应该理解下面的链条：

想法——简化——系统——增长——成功

只有一个简单的想法才能被系统化。系统可以增长，只有想法被放大数倍才能成为大成就。

当你令一个想法增长，你就创造了成就。要做到这一点，想法必须是简单的。因而检查一下，你没有办法简化和系统化的那些东西，是不是从各方面来看都无法舍弃。

在所有的系统中，你要注意两个阻碍：

一、组织形式是灵活的，不可以是僵化的。不要让必要的改变因为个别员工的舒适而落空。如今一切都变化得很快——要做到让你的系统适应新情况。创建可以学习的系统。

二、不要围绕着员工来组织公司运营。这是使阻力降到最小的方法，但是其结果不足以保障公司所需的成长。公司将不具有竞争力。你应该考虑一下你想要的结果，为了实现这一目标，寻找那些其特长符合这项任务的员工。

这样做可以达成：

1. 确定在你的领域里现实情况是怎样的：有清晰的流程，还是很多事都是随机的？你的分析结果需要与公司自身相匹配。自问：在自己的领域里已经创建的系统，是否可以实施公司的创想？

2. 具体地确定出你需要开发出哪些流程。必须清楚定义你的职责。

3. 为了确保这套系统达成期望的结果，员工应该具备哪些特长。

4. 寻找拥有这些特长的员工。

5. 开发出一份任务描述，里面要具体列出流程。这份任务描述应该清晰精准，即使是新员工也能借助它很快熟悉工作。

6. 将你负责的领域里所有系统的这些任务描述，汇总在一本手册里。举例来说，你可以称之为 SOP——标准操作流程（standard operating procedures 的缩写）。

第四项任务：委任

将任务想象成猴子。

它们坐在人的肩膀上，等着有人来照顾它们。你见过被繁重的任务压弯腰的领导者吗？他们认为能扛起许多猴子是自己的荣耀。

很多人还会领走他们员工的猴子。他们不是领导者而是任务小偷。最后他们扛了一整群猴子，还想为此获得认同。事实上，他们只是避开了他们自己的任务。

保护自己不受其他人的猴子的干扰。你认得这种状况：一位员工带着一个麻烦来找你，离着老远，你已经看到坐在他肩上的猴子了。现在你不可以让猴子攀上你的肩头，你应该帮助员工，但不是替他们做事。你浪费了自己的时间，并且设定员工自己不具备条件去解决问题。这样你就夺走了员工成长的机会。你为他们搞定的事情越多，他们就会越依赖你。

保护自己不接受过多的任务。问问自己：谁有更多的事情要做——是我的员工还是我？领导者中的大多数人都比他们的员工要多20%～40%的工作量。你无法负荷这么多。你需要自由空间来完成领导任务。你应该把自己时间的一半空出来去处理员工的问题、不可预见的事情以及解决麻烦。

不要工作太多——这是你最重要的任务之一。假如你自己完成一项任务，投入和产出是平衡的，假如你委派他人去做，你将实现低投入高产出。

有人认为，一切事情都是自己做得最好。这样的人不是领导者，而是怪人。成功意味着与其他成功者建立联系。一个太自我的人会把其他人都当作空气，他不会促使别人进步，反而让别人成为废物。要永远记住：在你工作中所拥有的东西里，你的员工是最有价值的。要恰当地对待他们，并让自己成为一个委派任务的高手。不会委派任务的人，是不具备团队工作能力的。在企业中，巨大的成就是由团队完成的。规律：任何人都没有所有人一起更聪明。

为什么这么多的管理者没有自由空间，而他们的员工却没有足够的工作？永远不要低估员工的潜力，因为他们的能力往往远远超出你的想象。你会惊讶地发现：大多数的猴子在你的员工那儿比在你那儿照料得更好。但是你怎么知道你对你的员工很好并且授权足够多呢？你会知道的，因为他们的时间比你少。经常问自己："我能把什么交给别人做？"我不该自己承担什么？”

不要让任务在一个过高的层级上完成。它们必须始终在尽可能低的组织级别上处理。把几乎所有的事情都委托给最有能力的员工是很有诱惑力的，因为你知道他们会做得很好而且很快。但后来这些员工扛了太多猴子。因而，考虑一下，谁能够完成这一项任务。不应该让公司二把手去复印东西。

永远不要允许任务被继续委派下去，这是在质疑你的判断力。假如你看到一个员工在继续委派任务给他人，要问他：“你是认为你比我能更好地判断谁应该去完成这项任务吗？”虽然这样说很残酷，但是继续委派给他人是危险的，因为那样没人会觉得自己要真正为之负责，以致所期待的结果无法达成。

许多人并不确切知道，当他们委派任务时，到底谁会承担责任。正确的是，对内把责任交给员工，对外和对上级还是要保留着责任。给予员工完成任务所必需的权力，当然他也承担着责任。但是如果任务没有完成，你永远不要在其他人面前将责任推给他。对外是你来负责。只有在和员工私下交谈时，你们再研究那些需要由他负责的错误。

这样做可以达成：

委任意味着放手，以让他人可以一显身手。开始之前就要考虑，之后也要一再考虑，哪些工作是你能够委派的。评估风险，然后决定你将委任于谁。可以分六步与这位员工进行谈话：

1. 描述他们应该做什么。

2. 详细告诉他们任务的组成结构。

3. 准确地向他们解释为什么任务很重要。

4. 让他们总结任务，检查他们是否理解了所有内容。

5. 列出工具和资源，然后给出责任。

6. 总是安排一个检查日期。对于较长的项目，你应该设置里程碑和监视。

第五项任务：检查

想象一下，你坐在汽车里，车速表坏了，你只能大概估计速度有多快。油箱油位指示器和温度传感器也坏了，你完全不知道汽油什么时候用尽，假如发动机过热，等你发现也为时已晚。

这些监控显示器对你是不可或缺的吗——作为重要的方向性指导？几乎没人会说，“我的自由通过这些监控工具而受限了”。可是许多在领导岗位上的人不爱监控——出于对员工反应的恐惧。可是，不检查你就没法促进和委任。这就像你要求别人没有前述的三个监控显示器去开车一样。

不做检查的人，会促使员工暴露弱点，并引起疏忽大意、能力匮乏，有时甚至会造成滥用职权。人们不一定会做你期待的事情，他们做你检查的事情。如果检查，你会促进员工的优势，并令理想成绩成为可能。

一定存在将检查滥用为权力工具的上司。他们想要压制其他人，彰显自己的优越性。这些人并非真正的领导者，而是独裁者。一位领导者知道：我得为我的员工去做那些他们自己还不能胜任的事情，这其中检查是一项任务、一种帮助，我不可以放弃它。你的员工有权获得检查，不过并不是所有人都乐于这么想。

首先，有的人不喜欢被检查，他们害怕失败和被拒绝。假如你首先向员工解释，你不是在监视他们，而是想要帮助他们，他们的这种恐惧将会减轻；假如你不来检查他们，他们才真是要害怕的。因为那样的话，他们就没有改正的机会了——等到损失显现的时候已经太晚了。

其次，把检查订立得透明也能够消除他们的恐惧。假如你的员工知道什么在等待着他们，便可以产生信任。你已经了解了卓有成效的系统所具有的力量。运用这力量，创立一套每位员工都准确了解的检查系统。

告诉你的员工你会检查能力和责任心。能力你可以客观检测，责任心必须以你的主观评估去判定。

能力只能以可衡量的结果这种形式来呈现。在此你必须区分开来，工作是由你委派的，还是本来就属于这位员工的职责范围内的。假如你像第四项任务中描述的那样委派了工作，就不会留有产生误解的余地。目标是明确的，你在定好的时间来检查结果。

对于那些本来就属于相应员工职责范围的任务，你应该与他一起确立检查准则。这里你只能许可清晰明了的检查准则，以便每个人都可以清楚界定一项任务是完成了，还是没完成。这样的准则可能如下：是否遵守了预算计划？每天是否给约定好数量的客户打了电话？空缺职位是否按定好的数量去处理了？

特别重要的是，你的员工要学习自我检查，因为他们应该达到第四阶段，对自己负责地工作。对此，做书面报告是颇有意义的。当一项委派给他们的内容丰富的工作结束的时候，应该尽快且无须被要求就把要点汇总起来，将稿子交给你。反复执行的任务也应该商定提交报告的时间间隔：应该是每周、每月，还是每季度上交？如此就可以将检查系统化，并且你已将检查工作的一大部分委任给了员工。

当中要注意——报告应为服务，而非行使主张。因而它们应简短——至多一页，并且易读。

看完每份报告你都得给出反馈，而且最好是立即给出。做到这样的最简单方法是你在阅读报告复印件时在上面亲笔手写做标注，然后将复印件即刻返还员工。作为领导者：你对之不做出反应的书面报告，即是无用的报告。作者会认为他做了一件多余的工作，或者是工作很糟糕。

要注意不要成为你系统的奴隶，只检查最重要的事。其余的做抽样检查就够了。

与这些相比，检查责任心要困难得多了，因为你必须不通过这样清楚的准则去评估员工行为。可是，此处并无捷径，你不可忽略责任心。否则你要如何确定一位员工是否按照公司原则行事，以及他身处哪一个阶段？只有当你对员工的责任心也做出评价的时候，才会知道你对他的能力的检查到什么程度。

规则是：越新的员工，责任心越弱，你就得做越多的检查。

但是你要如何做得最好呢？你得具备按照自己的主观观察去评价的勇气。你应该让员工为此做好准备，对他们解释，虽然你的评价是主观的，但绝不是随意的。假如，你举例来论证自己的评估，便能最令人信服地做到这一点。

不要害怕付出努力去找这样的例子。观察你的员工，将你对他责任心的印象以要点的形式书面记录下来。许多领导者写一本专门的日志，在里面记录员工是如何工作的，他们是否按照公司原则行事，但也会记录他们是否守时。其余的要点可能有：在工作上的投入度、诚实度、社交表现、同事的接受度、是否乐于学习、个人发展速度、特殊优势、专注力、持久度、可信度……

这样做可以达成：

1. 开发一个能力和敬业度检查系统，并向员工解释。

2. 根据员工的书面报告来检查最重要的工作结果。总是给他们快速的反馈。随机检查更好。

3. 观察责任心，将观察到的具体行为书面记录下来，根据公司原则，按照你的主观评估做出评价。

4. 进行一对一谈话，以给出反馈。此时运用辅助工具称赞、改变路线和批评，这些会在下一章里讲解。

5. 不愿意接受检查的员工，要结束与他的合作。

第 14 章　五种辅助工具

第一种辅助工具：赞扬

赞扬是使人进步和建立自信最重要的辅助工具。作为领导者，你承担着巨大的责任。一句赞扬的话就能让一个人的生活更积极。你多久表扬员工一次并不重要，表扬如何被接受才重要。

这总是取决于两个因素：首先，他人对你的赞扬有多重视是很重要的。他越认可你，你对他越重要，你的赞扬对他就越有价值。其次，赞美的艺术很重要。不精确的赞美就像廉价的奉承，会造成伤害。

如何让你的赞扬被人接受，这完全取决于你自己，对于这两个因素你都要负责。通过不断改善自己作为领导者的角色，你的称赞会变得越来越受欢迎。还有，对于称赞人这件事，也是可以熟能生巧的。

从选择你可以赞扬的东西开始。请不要认为“这个人没有什么值得表扬的”。当有人为你工作时，应该总是有积极的一面，这需要你自己去发现。学习捕捉员工做好事的时刻，仔细观察他们。不要只是赞扬结果，也要赞扬进步。赞美那些小事，不要等到他们达成你希望的结果时才赞扬他们。

你应该利用系统的巨大优势——系统可以令一个持续的最低限度的绩效成为可能。所以使用一个系统，在一定程度上帮助你给予自动表扬。例如，你可以习惯于阅读任何书面报告并找到值得表扬的东西。然后，在页边空白处手写你的表扬，并尽快将一份副本交还给你的员工。

你已经知道奉承是有害的。因此，你的赞扬永远不要让人觉得你是在奉承。赞扬越不精准，便越廉价，听起来就越像恭维。因而赞扬永远要精准。实行以下简单的四步计划：

1. 第一步：说出你喜欢什么。

2. 第二步：准确地解释为什么，在哪里、怎么样和什么时候让你觉得喜欢。

3. 第三步：告知员工为什么你如此喜欢这件事。例如，因为它对项目或者工作氛围很重要，或者因为你自己在这个领域不占优势。

4. 第四步：鼓励员工继续这样工作。

这样做可以达成：

1. 即便在其他方面进行得不理想也要给予表扬。你的员工对于和他不相关的事务不负有责任，他有权利获得赞扬。

2. 你必须反复进行“四步计划”训练。立即开始，现在可以赞扬谁？还有谁？

3. 让那些你赞扬的人当之无愧地接受赞扬。

此外，当领导者收到一句精准的赞扬时只需简单回答：“谢谢。”当赞扬不是那么精准时要问问：“让你喜欢的到底是什么？”

第二种辅助工具：重新分配

只有四种方式可以让你对员工的工作做出回应——没有反应、批评、表扬和重新分配。这四种可能里面最糟的是哪一种？你如何认为？答案是第一种，没有反应。这四种里最常见的是哪一种？很遗憾，也是第一种，这会令人失去积极性。

另外三种回应你都可以采用，但永远不可以用的是——没有反应。不给他人反馈是在告诉他人他所做的工作没有价值。员工首先会变得不安，然后会恐惧、失去积极性，最终会漠不关心。对别人工作不做出评价的人会毁掉别人。因而，完成你的第五项任务是如此重要——检查。检查令给出反馈成为可能，并令反馈系统化。

你必须不断给出反馈。应该赞扬——如此可以令员工变强。这是你的第一种辅助工具。但是，当有错误行为和业绩缺陷时要如何反应呢？当然，你可以不时做出批评，只要不批评身处第一或第二阶段员工的能力。在第一和第二阶段去批评他们通常是弊大于利，这样的批评只会摧毁员工的职业自信。

许多领导者的行为如海鸥一样。他们置员工于不顾，直到发现错误，然后他们大喊着扑向那些有问题的人。这样的举动与领导者不相称。

因此，在你批评之前应该考虑是否可以改变路线。你一定曾经遵照改道标志避开过交通拥堵。只要有可能，而且恰当，就要避免做出批评。

要改变路线，你基本上有两种可能供选择。

其一，你可以将任务描述得更精准一些。或许责任原本在你，因为你表达得不清楚？这种事情即便在好的领导者身上也经常发生，比他们自己认为的更常见。给员工第二次机会，让他们以能够获表扬的水平去完成任务。

其二，你可以给员工一个新的任务——一个更适合他的任务。如果你这样做，第四种辅助工具会对你很有用——结果导向的任务描述。也许你可以在新任务中包含员工的注意事项，给他们创造第二次得到表扬的机会。

在任何情况下，你都应该考虑问题是由于缺乏专业知识，还是由于缺乏参与。如果由于缺乏专业知识，在许多情况下，改变路线是适当的，例如一个特定的工作没有被正确地处理。但如果由于缺乏参与，重新分配很少有用。如果你的员工经常迟到或工作马虎，给他们一个新的任务不会有多大帮助。

改变路线只能在私下谈话中进行。此时，两人之间的会谈便意味着两个世界的碰撞。事先考虑对方在谈话过程中和谈话结束后对你谈话的感受，并试着预测可能出现的障碍。

不仅是为了正确，更重要的是什么是有用的。一定要倾听，不要以为自己已经知道对方要说什么。你最好准确预想自己想要达到哪种结果。

改变路线不是最简单的方法，而且困难重重。但是反思另外一种可能性以及如何去进行谈话是值得的，即便使用直接批评去“狂轰滥炸”员工可能要容易得多。如果学会了高明地运用改变路线的工具，你会很快攀上一个新的高度。努力练习吧——努力会有回报。

这样做可以达成：

1. 表达你的认可。

2. 描述令人不满的结果以及问题所在。理性地描述事实，不要职责。

3. 解释负面结果。

4. 把你的注意力转向未来。在这两种改变路线的备选方案中选择一种：

（1）你表达得不好；

（2）你正在分配一项新任务，并将纳入员工的意见，人人都更乐意照自己的想法去做。

5. 结果陈述：需要做什么？具体要做什么？请员工重复你说的话。以书面形式将结果确立下来。

6. 表达你对他的信任。

第三种辅助工具：批评

批评性的反馈尽管好过根本没有反馈，但是你应该提前审视自己是否无法改变路线。如前面所说讲的，对于新员工，你只应在绝对必要时提出批评，并始终谨慎行事。如果批评是不可避免的，那就严格遵守有效的批评谈话规则。

你承担着巨大的责任，因为如果你批评不正确，那你是在毁掉他人的人生。训练自己通过一种恰当的方式去批评他人，使他们尊敬你，感谢你的批评，还要改变他们的行为。要达到这样，事先做以下这几个考量是必要的：

首先，你问问自己是否确定。你如何获知的这种有缺陷的行为？是通过第一手消息获知的吗？如果不是，你的消息来源可靠吗？

然后自我审视：你要批评的这个人对你是珍视的吗？写下 5 至 10 点你看重他的地方。只有这样，对方才会感觉你是真的想帮助他，会觉得你如此失望，只是因为你本来认为他很棒。要自问：上一次称赞这位员工是什么时候？要被批评的人，总是在之前被赞扬过。

永远不要只是简单地发脾气。问问自己：真正让我生气的是什么？我真的是想帮忙吗？

或许你会说："这准备工作可真不少。"你说对了。就是因为大多数人批评得太多太多。假如你像上面描述的那样做准备，就会做出较少的批评。这将大有助益。

批评不是教导和提高员工能力的方法。它是处理心态问题的手段，最终目的是把能力强的员工在他们责任心下降时重新拉回到轨道上来。

基本上来说，批评是危险的。因而在开始先将要点写下来，谈话时带着去，并且注意下列规则。

1. 最重要的规则：永远不可以质疑当事人本身。永远都要将个人与他的行为区分开。批评他做过的事，永远不要批评他是什么人。你想要在未来避免某一种行为发生而不是想失去这个人。

2. 不要在愤怒的时候批评，但要确保仍然及时。不要将观察到的负面现象积攒起来，直到积怨在一次大爆发中得到倾泻。批评要只针对当下的一个行为，不要以书面形式，而且永远不可以当着他人的面进行。

3. 不要允许任何借口。永远不要问为什么有人做了什么。如果你这样做，你是在鼓励他们寻找理由或借口，你的批评将失去效果。为自己的行为合理化的人，会到过去寻找原因。但这样于事无补。你要对他说："我对过去的事儿不感兴趣。对我而言，重要的是我们如何解决当下这个问题，并且在未来避免类似的情况。"

4. 不要说你对这件事的看法总是对的。你的批评最终也是你对此事的看法。你如果这么说，就可以表明这一点："我不喜欢你做的这件事。"这样，你表达出了你的感觉，同时避免了关于对还是不对的无意义讨论。

5. 给予他人一个自己总结的机会。他不应该失去颜面，此外每个人都更喜欢依自己的认知去行事。

6. 在你批评他人的时候，永远不要去触碰他。否则你可能会让他人对你有一种不自觉的负面联想。

7. 将你的谈话对象重新带回积极的方向。批评的话将被批评者“肢解”，因而在将被批评者重新“组合”起来之前，不要继续下一步。只有这样，你才能保证员工会对他的行为进行思考——而不是对你的行为。

8. 不要用超过一分钟的时间对他人描述你的感觉。当批评结束，就是结束了。不要陷入反复讨论的错误。

这样做可以达成：

1. 首先建立信任。说出什么让你喜欢，然后指出你不喜欢的地方，告知对方你对此的感觉。

2. 现在保持沉默，让你的批评发一会儿酵。你的谈话对象现在有机会做出反应。假如需要，问问他为什么。

3. 接下来询问你要做什么。对你的谈话对象释放出信号，你相信会发生改变。此时你又回到积极面上来了。

4. 友好地告别。

第四种辅助工具：结果导向的任务描述

一个员工如何领会他的工作任务，这常常成了很随意的事。即便员工认为自己了解了任务，他的想象也常常与领导者的想象相去甚远。由此而产生了不必要的麻烦。

每位员工都有权知道他为之负责的描述清楚的工作领域。这样的描述称为结果导向的任务描述。

没有准确的任务，人们就无法达成结果，没有结果他们就无法自我检测、成长以及对自己感到满意。那些不使用结果导向的任务描述的人，剥夺了其员工的成长机会。

有的管理者随意安排他们的员工，还常常如此辩解："一个好的员工做什么都不会觉得自己太可惜。"这样的管理者不是在领导，而是乱用其才。虽然这句话不错——但它只是在特殊情况下才是对的。假如成了规律性的，便会毁掉员工。只要人们应征的不是"万金油"的职位，他们就不该被安排做这样的工作。

不过，结果导向的任务描述也绝不是员工可以躲在其后的挡箭牌——打着"我仅限做我职位描述分内的事情"这样的口号。结果导向的任务描述的是主要焦点。除此之外，还要保有灵活性。

结果导向的任务描述的重点是结果。首先它并不取决于一个员工是否能够胜任，或者是否喜欢这任务。一家享有盛誉的足球俱乐部也不会随意雇用某个想当中锋的人，而是会选择一个过去曾经进过很多球的人。

同理你也应该在面试谈话时，将注意力集中在这位求职者是否已经达成过你所期待的结果。达到企业目的是你的职责，为此你需要能够完成他们工作任务的员工。这里你尽量不要做试验。

不要让某个无法达成结果的员工变成你个人的宝贝。当然，你可以派他去做另外的任务，但是当他在那里也一无所成时，你一定要做切割。为一项任务去寻找那些适合的员工，而不是无止境地为一个员工寻找一项合适的任务。

注意一项重要区分：一条单纯的工作职位描述倾向于任务，而不是结果，它是在描述一项工作应该如何去执行，而不是期待获得何种结果。

单纯的工作职位描述带来的是人们不必要地拉长一项任务的时间——来认为自己在执行任务。结果显示，在这样的情况下员工的成果较少。对于领导者来说，这意味着有效率的检查工作几乎是不可能的，因为检查做事比检查结果要困难许多。

结果导向的任务描述与工作职位描述存在着很大的区别。前者聚焦在一项任务范围内应该达成的可测量结果。这样，视角便从工作本身转移到了工作的结果。作为领导者，你必须教导员工重视结果。

等到你将结果表述出来之后，员工才会真正明白他们的任务。假设你聘用某人做电话总机。在某个任务描述中可能这样说："接电话。"相同职位的结果导向的任务描述可能是："最迟在电话铃响第三声时接起电话，用礼貌且以乐于服务的态度问候来电者，然后以他最满意的方式为他转接电话；假如对方要找的人没有在 15 秒内接通，将对方的请求记录下来并为之转达。”

结果导向的任务描述可以让员工清楚地知道自己的任务以及要达成的结果。这样他们就知道了领导者的期待是什么，并且有一个可衡量的尺度来评价自己的成绩。对你来说，结果导向的任务描述有助于选择员工和检查工作。除此之外，在员工缺席时要找到一个替班者也更容易。

这样做可以完成一份非常好的结果导向任务描述：

1. 将一项工作职位的所有任务记录下来——确实所有的。将任务按照重要性排列顺序。

2. 对每一项任务都做出一条可测量结果的表述。完善这个过程，直到你将全部任务的结果以清楚的语言表述。

3. 假如一位员工已经在负责这项任务，那么将这所有的步骤与他进行谈话。

结果导向的任务描述可以这样使用：

1. 考虑一下员工当中是否有一位具备满足结果导向的任务描述要求所需的特长和能力。

2. 不要妥协。假如你有较大的疑虑，宁可寻找一位新员工。

3. 与你选择的这位员工就结果导向的任务描述的要求进

行谈话。让他用自己的话复述，或者重复你的话。

4. 与他一起订立目标和阶段目标，然后让他将这些目标重复一遍。问问他是否能够提供所期望的结果。

5. 清楚地告知你会在什么时候、如何进行检查，以及你期待什么时间收到书面报告。

6. 根据结果导向的任务描述来检查书面报告，或者在员工的工作位置上进行抽样检查。

第五种辅助工具：预算计划

没有任何一种辅助工具像预算计划这样遭受冷眼，因而它也与其他工具关联性不大。管理者常常说："我不喜欢抽象的数字和干巴巴的预算计划。"这样想的人，不是一个合格的领导者。领导意味着发挥影响力。没有数字，你永远不会有真正的权力。没有数字，你永远无法承担责任。

预算计划具有四项优势。你如果能认识到它的重要性，就会热爱数字。预算计划对下列问题是最佳辅助工具：

1. 计划目标。

2. 对目标的达成进行检查。

3. 训练新员工熟悉工作。制订预算计划的人将会比其他人更快探究到部门和公司的氛围状态。第一次做的计划几乎都不完美，所以你必须请员工进行修改。但之后你便知道，员工已经理解了你让他做修改的真正原因。

4. 预算计划最大的优势或许在于它造就了卓有成效的沟通工具。

大多数公司，既没有达成一种统一的语言，也没有决定他们到底想要谈些什么。由此造成混乱时，他们会说："我们必须学习彼此更好地沟通。"然后搞一些合适的培训课。可是，如果每个人都各说一种语言，要说的内容也不一样——各自照着自己的价值观和自己的观点去说，这样的训练课又有什么用？商业公司不能只获取盈利，同样重要的是，所有公司成员都要说同一种语言。他们需要一个衡量单位，让所有沟通都建立其上。这个衡量单位必须清晰，以便每个人都知道是什么意思，不要留下产生误解的空间。因为盈利是所有商业公司的一致目的，钱便提供了衡量单位。

就钱的语言而言，钱和盈利产生误解的空间便消失了。这听起来冷酷而且斤斤计较吗？你必须知道：数字和钱没有温度，你用它们做什么，它们就是什么。如果你把它们抬高为自己沟通的基础，并且理解为你公司的生命之血，它们就变得激动人心又生机勃勃。除非你根本没有其他选择。在商业公司中，只有这种语言可以起作用。

你要习惯将所有的目标都翻译成钱的语言，并且以预算计划的形式来做沟通。永远不可低估这种辅助工具。不做预算，将带来无法独立、误会众多与行为不当的混乱局面。

然而，如果没有特定的员工去负责实施预算计划，它便是没有意义的。每一份计划上必须附有责任人的名字。你必须精准确定下列议题：

1. 谁为之负责？
2. 应该做些什么事情？
3. 为什么要做这些？
4. 应该怎么样做？
5. 期待有哪些收入和支出，期待有哪些现金流？

不做检查的预算计划只是纸上谈兵。必须检查，别等到年底才行动。当你和员工探讨预算计划时，应该一起约定检查日期。到了这个日期，你的员工将不用被要求就将书面报告放到你面前，上面写着应有状态和实有状态的比较。

审核正偏差和负偏差。假如出现了严重的负偏差，那请员工做出应对措施。你用这种方式促使员工自我检查，并且寻找自己的解决方法。同时你也保证了自己可以及时地介入纠正。

正偏差是机遇和优势的最重要指示牌，现在你可以系统地利用和发挥它。但是要想：一家公司最大的开支并非由失败的项目造成的，而是由成功的项目带来的。因而，当出现正偏差时，你必须立即重新计划开支。

以“最差情况脚本”的形式对可能有的负偏差做一份计划。请你的员工思考，假如销售额滑落30%、40%或者50%，将会发生什么。为什么这样一部“最差情况脚本”是有意义的？

第一，这样的发展可能比某些人认为得要快。

第二，你应该及时思考：到底在哪些地方你的公司是灵活的。你在哪里拥有回旋余地？

第三，这是真正理解那些重要的关联的最佳途径。

将预算规划看作一个承诺。你的员工用它告诉你："这是我无论如何要达到的目标，我会为之用尽全力，因为公司对我的计划给予信赖。"

这样做可以达成：

1. 将你的责任领域划分为战略业务部门。

2. 将每个部门分配给负责制订预算计划的员工。让他来订立一份预算计划。准确地考虑好你对总支出的限制，无论这是一份纯开支预算（采购、生产、行政管理），还是一份有关收入和支出的预算（销售、利润中心）。

3. 与员工探讨做好的计划。注意计划要以钱的语言来写。通常谈话后计划都得重写。但要有耐心，即使必须第三次或第四次起草。

4. 与员工一同确定检查日期：你什么时候收到他们写着应有一实有状态对比的书面报告？

5. 创立一套系统，你能用它对预算计划的遵守情况进行检查。

第15章　五条原则

第一条原则：承担责任

曾经有个人，每天对他带来的面包不停发牢骚。他的同事终于崩溃，对他喊："那就告诉你老婆你喜欢吃什么。"他答道："什么老婆？黄油是我自己抹的！"

这个故事突出了责任的本质。将在工作中遇到的事情处理成什么样子，取决于你自己。你的黄油是自己抹的。你找不到一个所有事情都符合理想的天堂。但你的任务是，在相应的情况下，像一位领导者一样做出决策。

如果你把某些事的责任归咎于它所处的环境，你就赋予了境遇所不具备的权力。这是错误的答案。领导者不会抱怨遇到的麻烦，这样做只会浪费精力，不会改变任何事情。他们更多的是创造自己需要的情势，以便能够提供成果。这才是正确的解答。

首先，从你自己开始。第一条原则包括三个基础。你自己对这三个基础负责：

1. 身份认同。没有人能对他与之无法产生认同的东西承担起责任。你对你的公司，它的人、愿景、想法和产品认同吗？让自己与之产生认同是你的任务。没有人可以替你完成这项任务。找出你的企业为何与众不同，学着爱你所选择的产品和人。扪心自问：为什么通过我们的公司，会为这个世界增加一份美好？这并不是说你应该变成空想家。你必须在生活中找到自己的位置并坚持下去。

2. 自我激励。不要听那些想要激励你和其他人的所谓演说家的话。如果靠他人的激励过活，你就会变得软弱而依赖。与之相反，你要学会自我激励，这是你的任务。持续有效激励的唯一来源就是那些令你激动的目标，以及你能够达到这些目标的信念。假如有人反之请求你去激励他，这样回答："我不激励任何人，我会和已获得激励的员工一起工作。"然后帮助他设立目标，培养自信心，并且达到这些目标。

3. 自己负责。你对你工作区域发生的一切负责吗？你认为你团队的结果就是你的结果吗？如果某件事非常成功，不要轻描淡写地说是运气使然。你需要为失败承担责任。千万不要指责那些犯了错误的员工。脏衣服得洗反面，而不是洗正面。或许你并不对所有的事件负有责任——归根结底你可不是一个人活在世上，但是对于你如何做出反应，这永远由你负责。无论是抱怨还是说"这样做才对"，选择权在你。你是决定放弃还是寻找解决方案的人。你能否从失败中吸取教训，创造出更好的系统，取决于你自己。

假如你已经打好了这三个基础，那么就仔细看看你的员工。你会认出三种类型的员工：观察者、跳跃者和参赛者。

观察者观望，从不真正参与，而是给出精明的建议。观察者还没有建立起他们的身份认同感，想要被激励，很少有责任心。

跳跃者有时参与比赛，有时只想观察。在不安全感里他们跳来跳去，还没有找到自己的职业归宿。他们的身份认同感很弱，接受责任的动机和意愿各不相同。当情况不好时，他们很快就跳回去。

参赛者认同公司，能够激励自己并承担责任。参赛者不仅会全心全意参与，他们本身就是公司的核心。激情澎湃的参赛者特别有认同感，干劲十足，会寻找特别多的责任来承担。

这样做可以达成：

1. 将三个基础以身作则——身份认同、自我激励和自己负责。

2. 鼓励你所在部门的员工，培养他们的责任感。

3. 不留任何误解地向大家说清楚，结果导向的任务描述和预算计划要获得实施。

4. 不要容忍借口。

5. 说清楚身份认同、自我激励和自己负责对你来说多么重要。

第二条原则：结果导向

领导者知道——领导意味着要一起去达成更好的结果。付你薪水是因为结果，而不是因为你的努力。结果才算数，努力不算。在一定时间内你获得的成果越多，你就越有价值。

许多管理者对这一原则深信不疑，努力高于结果。这样他们会促成行为主义和工作狂。我们的目的不是尽可能长时间地工作。数量的重要性不如质量。领导者不报告他们工作多么久、多么卖力，他们提供结果。你也应该引导自己的员工这样做。

你需要告诉你的员工。学会爱你的成果胜过爱你的工作本身——那样他们就会生产出成果。每个人都得自己对是否热爱自己的工作负责，这不是你的任务。你只对结果负责，你已经有足够多的事要做。

要容许犯错。有的人害怕失败，因而什么工作都接，好让他们的工作无法衡量。通过允许犯错，你可以消除他们的这种恐惧。可以从错误中汲取经验。不害怕犯错的人就不必再害怕结果。但是不应该重复犯同样的错误，值得强调的是不应该因为责任心弱而出错。

永远不要允许他人说：“我想试试……”这样说的人已经在估算失败。他没有把注意力集中在结果上，而是已经在为事情做不成寻找一些合适的理由。“尝试”纯粹只是不想做一件事的说辞。要求你的员工无论如何要达成所计划的结果。

如此，他们便会使出全部力量去找到解决方法。

分析员工做的计划时，要考虑到其中所包含的失败恐惧。出于恐惧无法达到结果，有些人已经把障碍也一起计划进去了，他们的信条是“宁可达到小的目标，也不要犯大错误”。如果你允许这么做，最多也不过是培养一些平庸之辈。

不要对试图说明做出奖励。知道就行了，但不要鼓励他人这样做。你的敬意只给予结果。

不要鼓励员工去达成什么平庸的结果，而要求得杰出的结果。结果导向的任务描述和预算计划可以帮助你完成促使他人进步和实现公司目标的任务。结果导向的任务描述和预算计划都是系统的组成部分，它们的规则是：加 1%，通过加 1%每个人都会记得自己要持续进步。明天的结果应该比今天的好。

这样做可以达成：

1. 创造一种只注重结果的文化。如果有人试图解释为什么没有达到预期的结果，你可以回答：“在我的统计中，只有数字是有效的。没有借口栏。”

2. 清楚明白地点明：如果有人做了某项特定的工作，就把它当作完成了。

3. 提拔那些达成结果的员工，而不是那些只会勤奋工作的。

4. 绝不要厌倦运用结果导向的任务描述和预算计划去改进结果的可衡量性。

第三条原则：集中注意力在优势上

如果你想促使人进步，哪种方法更有效？——帮助他们去除劣势，还是帮助他们形成自己的优势？答案既清楚又重要，只有后者才是唯一能带来非凡成就的可能。

去除劣势只能让人少一点软弱。这样最多能产生出中等水平的员工，而中等水平是非凡成就的敌人。除此不谈，在实践中你通常对于员工的劣势无能为力，最多只会毁掉他们的工作乐趣。

如果你确实想要促使员工进步，就必须教会他们发挥自己的优势。那些人的优势在哪儿，你就可以在哪儿要求他们取得大的成就。此外，借助优势去工作的员工便不再有动力不足的问题。

对大多数人来说，要集中注意力在自己优势上是困难的事。这主要有四个原因：

第一，许多人通过家长的教育和期待被强行挤压成某种角色。这些角色往往并不符合他们真正的才能和倾向。

第二，劣势更容易被大多数人注意到。这很可怕——对人感到容易的事情，他很少注意到；什么事搞不定，就会被注意。

第三，每个人都会有假性优势，用来补偿劣势。每个人在他的学习生涯中都有过得出自己水准低下结论的经历。用发展出优势的方式来掩盖由此产生的痛苦。这些优势大多是人为的，只有很少会符合天生的才能。

第四，那些关注个人优势的人易受到指责。他们的劣势会显露，会产生恐惧。许多人因而就防卫自己不受到感情伤害，并且尝试去消除自己的劣势。

你要发现员工真正的才能，并且促进其发挥，系统地运用为此而提供的测试。不要想着能凭着感觉就做出公正的判断，那是高估了自己。

不要将员工的优势与喜好混为一谈。许多人喜欢做一些事，却令人同情地达成的是糟糕的结果。

永远以目标为出发点。问问自己：一位员工要完成任务需要哪些才能？你的目标导向的任务描述表述得越清楚，你就越容易找到对的人来做任务。不要尝试改变人，宁可去找到那些对的员工。

除此以外，不可跌入“好成绩是理所当然并且忽视它们”的陷阱。同样，也要少在劣势上徘徊。

学习区分劣势。许多对于要求的任务无关紧要，这样的劣势你可忽视。所有其他的劣势你得留意。考虑一下，这是不是知识的匮乏、缺少专业的能力、理解力的不足或者是坏习惯的问题——只有最后一种难以改变。要一直思考，是否存在一项任务，做它的时候劣势可以成为一项优势。

假如不是必要，不要要求完美。要求完美会将注意力引到劣势上，并且引发对犯错的恐惧。那些持续害怕犯错的人会变弱。反之，应该要求非同凡响的、具有魔法般的结果。想要达到这一点，必须允许犯错。

此外，巨大的优势有一个孪生兄弟——巨大的劣势。伟人都是不全面的人。因而要考虑给予你部门或者公司里最能干的人自由空间，方法是你为他们的许多弱点买单，并且帮助他们在这个世界立足。

这样做可以达成：

1. 永远以目标为出发点，将你需要的结果导向的任务描述表述出来，以达到这些目标。

2. 清楚地了解员工的优势。询问相关人员，但也要询问他们的同事，观察并且做检查。以真正做出的结果为依据去评价，然后根据任务要求具备哪些特长去进行分配。

3. 一直持续地推动优势的发展，不管是你个人的优势，还是员工的和公司的。相反，要无视劣势，只要有这个可能。

第四条原则：积极向上的公司氛围

这些原则告诉你应该如何尽到你的职责，应该在何种状态下履行自己的职责。原则并不最终决定在你的责任领域里通常充盈着什么气氛。

植物和动物只能在某种特定环境里生长，人也是。作为领导者你应该知道：你的员工需要一个积极向上的公司氛围——就像你自己一样，以便达成非凡的成果。如果你每天获得的消息里有90%是负面的。你就要从那正面的10%里面创造出足够的力量。能否做到，最大的因素取决于你公司里的氛围。

因此不要把任何事都交给偶然。特定的氛围就像一锅好汤：你必须了解原料并注意它们之间确实对味儿——日复一日如此。下列规则提示我们哪些原料能孕育出积极向上的氛围。

碰到困难，不要诉苦。问题就是机遇。

不要把你的坏心情带到公司里。练习不受自己情绪状况影响地去工作。

不要讲他人的坏话，也别开以牺牲他人为代价的玩笑。背后讲人坏话的人，也会讲在场者的坏话——等他们不在场的时候。

应该一直做出自己最大的努力。这样在你不那么看重的工作上也能够收获成果。你喜欢成果并且为之快乐。无论在哪里，要一直用你拥有的去做你能做的事。

同时永远别忘记，你不是一个人在奋斗——与他人一起总是能做到更多。

与同事进行沟通。当你感到困难时，特别要注意这一点。沟通在哪里停止，哪里就产生问题。钻到他人心里去，努力地去理解他。没人期待你去爱所有同事，但是要与公司的每个人都友好地相处。或许一个简单的真理在这可以帮助你：自己心里有什么，便在他人身上看到什么。当你论断他人时，便是在论断你自己。

当涉及结果问题时要坚持原则，但在与人的个性相关的事上要宽容。

遵循以下黄金法则：谁有钱谁说了算。永远要做你上司想要的事。如果你有不同意见，要在单独场合下用你的观点说服他。

放宽思路，别让自己因为小事变得慌乱。狭隘之人才为小事恼怒。格局的大小体现在那些令你震惊的事上。

不要发明额外的规则。宁愿高明地运用少数的规则。

那些破坏公司氛围的员工会损耗金钱和生活品质。警告他们，假如这也无济于事，与他们做切割。

这样做可以达成：

1. 为每个人提供良好的工作氛围。将规则公布出来。或者在对责任心进行评估的场合谈谈这些规则。

2. 最重要的是要遵守这些规则。员工在你的行为上看到这些规则要比在公告栏上读到更重要。

3. 定下这样的目标，让每个人在和你谈话之后都感觉更好了——在公司的感觉、自身的感觉和在你领导下的感觉都更好了。

第五条原则：建立信任

每个领导都知道，如果别人信任你，一切都会变得容易。顾客因为信任而购买，信息由于信任而传播，任何形式的合作只有当充满信任时才会有效。那么怎样才能让他人信任你呢?

当然，这也取决于你的技能、知识、经验和判断力。但其他人是否信任你，更多地取决于你的个性，否则信任将仅限于你的专业知识。作为人类，你的员工只有在你信任他们的时候才会信任你。

你作为人，有两个层面是永远无法隐藏的：你如何看待世界，以及你如何看待自己。二者都会通过你的肢体语言表达出来。有着消极世界观和较低自信心的人，也不信任他人。这一点人们会感觉到，这是无法掩藏的，肢体语言不会说谎。每个领导者都要学会信任自己，只有这样才能信任别人。你需要知道，你对这个世界的信心越大，你作为一个领导者的效率就越高，因为人们信任你。

也许你经常失望，觉得很难产生信任。当然，没有人能在一夜之间改变态度，但即使是最长的旅程也始于第一步。

对世界持消极看法、对自己缺乏信任的人，在与他人交往时会犯十个错误。通过坚持不懈的努力避免这些错误，你会创造一种信任的文化。记住，你的行为让你成为你想成为的人。

第一个敌人是焦虑，它会升级为恐惧。战胜这二者，因为它们是信任最大的敌人。当没有传达明确的期望、缺少结果导向的任务描述、没有反馈以及做出了令人无法理解的人事决策时，就会出现这种情况。

第二个敌人是缺少检查。有的人认为信任和检查会彼此矛盾，但二者其实是密不可分的。只有通过检查你才会获得一份稳固的信任。除此之外，检查会帮助消除误解。不进行检查的人证明了自己的无能，缺乏兴趣，并且会造成滥用现象。

第三个敌人是缺乏影响力。混乱由此产生。你与你的员工要充满信任，但要警告他们不要滥用你的信任。假如在检查时发现了滥用现象，要坚持原则。

第四个敌人是要求全部成就归自己。你最好让开，将获得的成绩转送给员工。相反，如果事情进行得不好，你就要挺身而出。在有好结果时说“是他们做的”，在中等结果时说“是我们做的”，在差结果时说“是我做的”。

第五个敌人是缺乏沟通。例如，如果你从不说明公司目标，员工就会感觉被排斥。

第六个敌人是在公开场合贬低一个人。从此所有观众都不会信任这个凶手，甚至可能会联合起来反对他。

第七个敌人是说谎。这一点上不可对你自己放任，也不可对员工放任。要确保你的言行一致。

第八个敌人是纵容阴谋者。没有人会理解你为什么容忍他们，即使他们取得了优异的成绩。他们毒害了氛围，造成的损失大于其成绩。你必须同他们做切割。

第九个敌人是不当的、摧毁性的批评。请记住，在批评时永远不要攻击这个人，而是只针对特定的行为。

第十个敌人是试图掩盖错误，以及不具备道歉的能力。每个人都会犯错。领导者承认自己的错误，道歉，然后改变自己的行为。

假如你避免了这十个错误，并且表现出了正确的行为，此外还要取决于频率。你这样做一次的话，你会得到认可，但只有你一直如此行动时才会建立信任。只有当一再重复做正确的事时，才会产生信任的文化。因此要注意持续地创造信任。

这样做可以达成：

1. 学会越来越相信自己——建立你的自信。

2. 给予你的每一位员工信任，但要阐明你不会容忍滥用信任。

3. 运用系统做检查，即通过书面报告再加上抽样的方式去检查。

4. 对于滥用信任要严厉且坚定地采取行动。警告相关员工，给他们第二次机会。但如果你的信任再次被滥用，你要有勇气与他做切割。如果你需要这样做，当着其他员工的面友好地向他说明理由。